SPANIEN

Küchen der Welt

SPANIEN

Cornelia Rosales de Molino

Originalrezepte und Interessantes
über Land und Leute
Rezeptfotos: Foodphotography Eising

Frankreich
Andorra
Galizien
Asturien
Kanta-
brien
Basken-
land
Navarra
La
Rioja
León
Altkastilien
Aragonien
Katalonien
Portugal
Madrid
Extre-
madura
Neukastilien-
La Mancha
Valencia
Balearen
Murcia
Andalusien
Kanarische
Inseln
Marokko
Algerien
Marokko

INHALT

Spanien: erleben und genießen 6

Land und Leute laden ein ... 9

- Galizien, Asturien und Kantabrien 10
- Baskenland und Navarra 12
- Katalonien 14
- Altkastilien und León 16
- Aragonien und La Rioja 18
- Neukastilien-La Mancha, Madrid 20
- Extremadura 22
- Murcia, Valencia – die Levante 24
- Andalusien 26
- Balearen und Kanarische Inseln 28

Rezepte 31

- Tapas 31
- Eintöpfe und Suppen 49
- Gemüse, Reis und Eierspeisen 63
- Fisch und Meeresfrüchte 81
- Fleisch 97
- Geflügel 113
- Desserts und Gebäck 127

Typische Menüzusammenstellungen 138

Glossar 140

Rezept- und Sachregister 142

SPANIEN: ERLEBEN UND GENIESSEN

Ein Sommerabend mitten im ursprünglichen Spanien, weit weg von Touristenstränden und großen Hotels: Unter der binsengedeckten Pergola eines ländlichen Restaurants sitzt eine muntere Tischrunde beisammen. Man unterhält sich, ißt und trinkt, während die Kinder herumsausen, ohne daß sie jemand zum Stillsitzen ermahnt. – In Spanien heißt genießen, die Feste zu feiern, wie sie fallen. Denn Essen und Trinken ist hier von einem ganz natürlichen Rhythmus des Maßhaltens und der Fülle bestimmt. So beginnt der spanische Alltag mit einem eher bescheidenen Frühstück, das meist nur aus einer Tasse Kaffee und ein paar Keksen besteht. Oder man geht in die Straßencafés und Churrerias, wo es frische, noch warme Churros gibt, ein knusprig ausgebackenes Spritzgebäck. Das Mittagessen im Familienkreis ist schon etwas üppiger. Es beginnt selten vor zwei Uhr nachmittags und zieht sich oft bis zum späten Nachmittag hin. Ab sieben Uhr abends beginnt dann die Zeit, wo man Tapas essen geht, appetitanregende Kleinigkeiten, die in den Bars und Straßenlokalen in großer Auswahl angeboten werden, so daß bis zum Abendessen sicher niemand hungrig bleiben muß. Es beginnt selten vor neun Uhr und dauert oft bis nach Mitternacht. Zum Abschluß trifft man sich wieder dort, wo der Abend mit einem Aperitif, einem Sherry natürlich, begann: an der Bar, bei einem starken Kaffee oder einem Brandy. So jedenfalls ist der traditionelle Tagesablauf durch Mahlzeiten bestimmt. Doch natürlich ist auch in Spanien die Zeit nicht stehengeblieben. Der schnelle Bürolunch hat sich bei den Berufstätigen ebenso eingebürgert wie bei uns, und auch die Mahlzeiten zu Hause sind längst nicht mehr so üppig und ausgedehnt wie früher. Doch an den Wochenenden, vor allem aber an den Feiertagen, ist man den alten Gewohnheiten treu geblieben und macht aus jeder Mahlzeit ein Fest, das man am liebsten im großen Familien- und Freundeskreis genießt. Dafür wird dann aufs großzügigste eingekauft und nur nach den alten Rezepten gekocht und gebacken, auch wenn das stundenlang dauert. Dieses Buch möchte Ihnen Spanien mit seiner Kochkunst nahebringen. Das erste Kapitel erzählt Ihnen Interessantes über die einzelnen Regionen und ihre Spezialitäten. Denn von einer »einheitlichen spanischen Küche« kann man eigentlich nicht sprechen. So wird, was im Norden schmeckt, im Süden nicht unbedingt gleichermaßen geschätzt. Die Rezeptkapitel sind in der allen Regionen gemeinsamen traditionellen Speisenfolge aufgebaut. Von den Tapas bis zu den süßen Spezialitäten finden Sie hier ausschließlich Originalrezepte. Alle Arbeitsgänge werden Schritt für Schritt beschrieben, damit auch weniger Geübte sie leicht nachkochen können. Getränkeempfehlungen, Varianten, Infos, Tips und anregende Kurzreportagen runden den Rezeptteil ab. Typische Menüzusammenstellungen helfen dabei, Ihre Gäste original spanisch zu verwöhnen. Ein Glossar am Ende des Buches erklärt wichtige Ausdrücke und Namen, und das Rezept- und Sachregister hilft Ihnen beim Auffinden der Rezepte. So können Sie sich auch zu Hause ein Stück Spanien auf den Teller zaubern und die Spezialitäten dieses hinreißenden Landes genießen.
Buen provecho – guten Appetit!

LAND & LEUTE LADEN EIN …

Wohl kein anderes europäisches Land bietet so viele Gegensätze wie Spanien. Das unterschiedliche Klima beeinflußt seit jeher die Menschen der einzelnen Regionen, ihre Landwirtschaft, ihre Lebensweise und natürlich auch ihre kulinarischen Traditionen. Auch die vielen Eroberer und fremden Herrscher, die die reizvolle Halbinsel im Laufe der Jahrhunderte immer wieder anzog, haben die Küche Spaniens geprägt. So hinterließen Griechen, Römer, Kelten, Karthager, Phönizier und Habsburger dort ihre unverwischbaren Spuren. Vor allem aber waren es die Mauren, die vom 8. bis zum 15. Jahrhundert das Land beherrschten. Ihr Einfluß ist bis heute, besonders in Andalusien, noch deutlich zu spüren. Als Kolumbus Amerika entdeckte, brach in Spanien das »Siglo de oro«, das goldene Zeitalter an. Das spiegelte sich natürlich auch in den Kochtöpfen wider, denn nun gab es eine enorme Vielfalt an aromatisch duftenden Gewürzen, wie sie Kolumbus von seinen Reisen mitbrachte. In jener Epoche galt Spaniens Küche als Haute cuisine. Doch selbst durch diesen Einfluß hat die echte spanische Küche nie ihre Bodenständigkeit verloren. So finden Sie im ganzen Land überwiegend ehrliche, ländliche Gerichte von eigenwilligem Charme, die ihre typische, regionale Note haben.

Der Norden Spaniens zum Beispiel ist reich an Fischen und Meeresfrüchten und jede Köchin dort schwört, daß sie nirgendwo besser zubereitet werden. Auch der Einfluß Frankreichs ist hier noch spürbar, denn die meisten Fische und Fleischgerichte werden mit köstlichen Saucen serviert. Das zentrale Hochland dagegen, mit seinen ausgedehnten Kornfeldern und dichten Wäldern, ist für seine ausgezeichneten Wildgerichte und Braten berühmt. Die mittlere Ostküste wiederum ist die Reiskammer Spaniens. Hier wird neben Gemüse hauptsächlich Rundkornreis angebaut, der die Grundlage für die berühmte Paella ist. In der Gegend rund um Valencia, im größten Orangenhain Spaniens, reifen die köstlichsten Zitrusfrüchte. Weiter im Süden, im sonnigen Andalusien, gedeihen auf rostroten Hügeln kräftige Olivenbäume. Ihr kostbares Öl wird in fast allen Gerichten verwendet. Die Fische, die das Meer dieser Region so reichlich schenkt, werden hier am liebsten in Olivenöl fritiert gegessen. Die Städte Málaga und Cadiz streiten sich schon seit ewigen Zeiten, wo wohl die beste Fritura de pescado zubereitet wird. Köstlich schmeckt sie auf jeden Fall – wie alle Spezialitäten aus den verschiedenen Regionen Spaniens. Probieren Sie selbst!

Jedes Jahr wird unter den Fischern von Malpica ausgelost, wer die Figur ihrer Schutzpatronin Nuestra Sra. de Carme beim großen galizischen Sommerfest in seinem Boot durch den Hafen fahren darf.

Galizien, Asturien und Kantabrien

Früchte des Meeres und des Landes

Diese Regionen werden das grüne Spanien genannt. Lang hingestreckt liegen sie am Atlantik und reichen von Portugal bis zu den baskischen Provinzen. Viele kleine Fischerhäfen, Strand- und Badeorte prägen die Küstenlandschaft. Im Landesinnern reist man durch Bauerndörfer und eine idyllische Berglandschaft. Die wenigen größeren Städte wie La Coruña und Oviedo wirken überschaubar und fast provinziell. Es ist das Gebiet, wo die Spanier Urlaub machen, wenn sie im Land bleiben.

In Galizien endet einer der ältesten und berühmtesten Pilgerpfade der Welt: der Camino de Santiago, Jakobsweg genannt. Er führt in die alte Universitätsstadt Santiago de Compostela, wo die Reliquien des heiligen Jakobus in einer imposanten Kathedrale aufbewahrt und verehrt werden. Traditionelles Kennzeichen der Pilger, die auch heute wieder scharenweise unterwegs sind, ist die gerillte Schale der Jakobsmuscheln. Früher waren diese Vieiras ein wenig geschätztes Arme-Leute-Essen, heute holt man die großen, dickfleischigen, manchmal pfundschweren Muscheln als besondere Delikatesse aus dem Meer, bevorzugt aus den galizischen Rias, den fjordartigen Buchten der Westküste. Meist werden sie in der Schale serviert, mit knuspriger Kräuterkruste überbacken, im Gegensatz zum übrigen Meeresgetier, das man am liebsten nur in etwas Öl geschmort genießt, denn so schmeckt es besonders intensiv nach Meer. Galizien ist ein Mekka für alle Liebhaber von Krusten- und Schaltieren, denn die dort vorhandene Vielfalt ist überwältigend.

Der beste Wein Galiziens ist natürlich ein weißer, der leichte, spritzige Albariño, wunderbar passend zu Fisch

und Meeresfrüchten. Ganz stilecht wird er aus den traditionellen Conchas getrunken, schlichten weißen Keramikpokalen, die Sie mit etwas Glück in La Coruña in kleinen Krämerläden oder auf Märkten aufstöbern können.
Auch Asturien und Kantabrien bietet Fischliebhabern eine reiche Auswahl. Entlang der Küste können Sie Fisch in vielen Variationen genießen.
Weiter landeinwärts verändert sich sowohl die landschaftliche wie auch die kulinarische Szene abrupt. Überrascht fährt man nun durch Gegenden, wie man sie sonst nur aus den schönsten Teilen der Alpen kennt. Die »Picos de Europa«, dolomitenartig aufgetürmt, sind Zentrum der Milchwirtschaft, mit saftigen, hochgelegenen Almwiesen und Weiden. Hier reift auch der cremig-milde blaugeäderte Cabrales-Käse, der Roquefort Spaniens, in feuchtkühlen Kalksteinhöhlen, ehe er zum Verkauf ins Tal gebracht wird.
Die gute, sahnige Milch dieser Gegend ist schon für das Frühstück unentbehrlich, das hier oft aus einem porridgeartigen Maisbrei besteht. Den originellen kleinen Speicherhäuschen für Mais und anderes Getreide begegnet man in Asturien und auch in Galizien ständig. Diese auf Stelzen gebauten Schuppen, in denen das Korn vor Nässe und Nagetieren geschützt ist, sind fast alle mit einem Kreuz geschmückt und wirken so wie übers Land verstreute Minikirchen. Allgegenwärtig sind in diesen Regionen auch die Fabes, große weiße Bohnen, die man für den asturischen Eintopf, Fabada, braucht. Sie werden oft mit Kaninchen, Rebhühnern oder Muscheln kombiniert. Das schmeckt ungewöhnlich, aber erstaunlich gut.

Als Nachtisch ist der Tocino de cielo, ein flaumiger Eierpudding, sehr beliebt. Man kennt ihn in ganz Spanien, hier jedoch wird er mit Apfelwein übergossen, was ihn noch unwiderstehlicher macht.
Der Apfelwein – Sidra – ist der Wein Asturiens. Goldfarben, leicht moussierend und gar nicht so harmlos wie er wirkt, trinkt man ihn ebenso gern zum Essen, wie man ihn zum Kochen verwendet. Am bestem schmeckt Sidra in einer richtigen Apfelweinkneipe, der Chigra, wo er noch prickelnd frisch und naturbelassen direkt aus dem Faß gezapft wird. Der in Flaschen abgefüllte Apfelwein ist mit Kohlensäure versetzt und längst nicht so aromatisch.

Berühmte Feste

In Oviedo wird vom 19.–21. September das Matthäusfest gefeiert mit Stierkampf und Festzügen mit reich geschmückten Wagen. Auch zum Jakobusfest in Santiago de Compostela mit Prozessionen und Feuerwerk vor der Kathedrale vom 15.–31. Juli lohnt es sich zu kommen.

Trotz der oft wenig ertragreichen und harten Arbeit haben die galizischen Bauern und Bäuerinnen ihre Fröhlichkeit nicht verloren.

In der Nähe von Guernica an der baskischen Atlantikküste liegt der Miniaturhafen des kleinen Ortes Ea.

Baskenland und Navarra

Fisch, Wild und feine Saucen

Das Baskenland und Navarra, im Norden Spaniens, sind dichtbesiedelte Gebiete mit so industriereichen Städten wie Bilbao, Vitoria und Pamplona, aber auch unzähligen kleinen Orten und Dörfern und nostalgischen Seebädern, als dessen schönstes vielleicht San Sebastián gilt. Es sind Regionen, in denen Sie auch noch die unberührte Schönheit der Natur erleben können: In den nebelverhangenen Bergen und Tälern zum Beispiel, wenn die Sonne strahlend durch den Dunst bricht. Bei einer Fahrt über die meernahen Höhenzüge, wenn der Golf von Biskaya zu Ihren Füßen liegt. Oder wenn Sie die Pyrenäen auf einsamen Serpentinenstraßen überqueren und dann beim Paß von Roncesvalles im gastlichen Kloster einkehren.

Pasajes de San Juan ist ein kleiner Fischerort in der baskischen Provinz Guipúzcoa.

Die wilden Gebirgsflüsse der Regionen sind reich an festfleischigen Lachsen und Forellen. In den Wäldern leben Wildschweine, Hasen, Kaninchen und jede Art von Wildgeflügel. Auf den Feldern gedeiht dicker, saftiger Spargel und besonders milder, süßaromatischer Paprika, und das nahe Meer versorgt Basken und Navarresen mit Fisch und Meeresfrüchten im Überfluß. Die Küche der Regionen ist also mit Zutaten reich versorgt – und ihre Köche verstehen es, das Beste daraus zu machen. Mehr noch: Gut kochen und essen sind hier zu einer Art Volkssport geworden, den man sogar im Verein begeistert betreibt. So haben sich die Anhänger der Kochkunst in den sogenannten »gastronomischen Gesellschaften« organisiert, mit eigenen Vereinsgaststätten, wo man sich regelmäßig trifft, neue Gerichte ausprobiert und das Ergebnis natürlich gemeinsam verspeist. Kulinarischer Höhepunkt ist das jährliche Festessen der Kochclubs in San Sebastián am Abend des 19. Januar, an dem auch Nichtmitglieder herzlich willkommen sind. Am nächsten Tag, dem Namensfest des Stadtheiligen, wird weiter gefeiert. Dann ziehen Prozessionen von Bäckern und Köchen trommelnd durch die Straßen, und bis weit in die Nacht hinein ist die Stadt ein einziges Schlemmerparadies.

Berühmt sind die baskischen Köche vor allem für ihre Saucen. Die knoblauch-

duftende Pil-pil zum Beispiel oder die kräuterwürzige, grüne Salsa verde auf der Basis von Erbsen und Petersilie sind besonders köstlich. Fische werden auf raffinierte Art zubereitet, am liebsten »a la vasca«, auf baskische Art, mit Wein und grünem Gemüse oder »a la viscaina«, auf Biskaya-Art, mit mildem und scharfem Paprika.
In Navarra serviert man interessant gewürzte Wildgerichte – oft mit Zimt oder Bitterschokolade, die der Sauce das gewisse Etwas geben. Eine volkstümliche Spezialität ist die Piperrada, eine bunte Eierpfanne mit Schinken und Paprikaschoten.
Wer zum Nachtisch Käse mag: Der milde buttrige Idizabal mit seinem zarten Räucheraroma wird gern zusammen mit Nüssen serviert und auch für Kuchen und Süßspeisen verwendet. Mit einem eleganten, frischen Rotwein aus Alava, dem nördlichsten Rioja-Gebiet, kann man die ganze Mahlzeit begleiten, zum Fisch paßt allerdings besser der spritzige, leicht moussierende Chacoli. Köstlicher Schlußpunkt ist der fruchtige Schlehenlikör Pacharan, den man eiskalt aus kleinen Gläschen genießt und der neuerdings das Modegetränk von ganz Spanien ist. Wenn Sie gerne Süßes naschen, sollten Sie sich aus Pamplona Pastillas mitbringen, das sind köstliche Karamellen. Wer es noch süßer mag, muß nach Vitoria, um Schokoladentrüffel zu kaufen.

Berühmte Feste

Am 29. Juni feiert man in Lekeitio das St. Petersfest mit Fischertanz, und vom 6.–14. Juli findet in Pamplona Sanfermines statt, das wilde Volksfest mit Stiertreiben in den Straßen.

Am eindrucksvollsten sind die bizarren Formationen der Felskette Los Mallos in den Pyrenäen bei dem kleinen Dorf Riglos.

In dem geschäftigen kleinen Hafenstädtchen Palamós an der Costa Brava bessern die Fischer jeden Tag ihre Netze aus.

Katalonien

Blaues Meer und schäumender Sekt

Katalonien ist die Region, mit der wohl die meisten Spanienreisenden zuerst bekannt werden. Es ist die Zone des Übergangs von der französischen zur spanischen Lebensart und eine Region der landschaftlichen Gegensätze, die sich zu einem harmonischen Ganzen vereinen: Die Costa Brava ist die »wilde«, die Costa Dorada die eher »sanfte« Küste. Am Meeresrand herrscht subtropische Wärme, die Palmen und Südfrüchte gedeihen läßt, landeinwärts trifft man dagegen auf schneebedeckte Berge. Die Haupt- und Weltstadt Barcelona, mit ihrem quirligen, industriereichen Umfeld, scheint vor Temperament überzuschäumen, inmitten einer einsamen, stillen Gegend, wo man sich in Klöster oder abgelegene Herbergen zurückziehen kann.

Auf jedem spanischen Markt wird Gemüse, Obst, Fisch und Fleisch frisch angeboten, wie auch hier in Barcelona.

Auch in der Küche zeigt sich die Kunst, das scheinbar Widersprüchliche zu verbinden und dabei kreativ zu sein. Bestes Beispiel dafür sind die katalanischen »Land- und Meer-Gerichte«. Man gibt Zutaten in einen Topf, die bei uns nur streng getrennt, in zwei ganz verschiedenen Speisen, auf dem Tisch erscheinen würden: zum Beispiel Huhn mit Hummer oder Kaninchen mit Tintenfisch und Krabben. Fisch wird überhaupt gern auf phantasievolle, fast künstlerische Art serviert. Die Zarzuela, Kataloniens luxuriöse Fischplatte, ist typisch dafür. Meeresgetier der verschiedensten Art wird dekorativ nebeneinander drapiert und nur leicht, aber perfekt mit einer Sauce aus Wein, Tomaten und Safran verbunden, die den Eigengeschmack jeder Fischsorte betont, aber nicht überdeckt. So ergibt sich eine vollendete Komposition – nicht umsonst hat dieses Gericht den gleichen Namen wie das traditionelle katalanische Singspiel, das ebenfalls Zarzuela heißt.

Gesungen, getanzt und gegessen wird in Katalonien viel. Vor allem in Barcelona: An Sonn- und Feiertagen können Sie die Sardanas, öffentliche Volkstanzreigen, vor der Kathedrale Barcelonas erleben. Doch auch werktags bieten sich genug Attraktionen an. Ein Bummel über La Boqueria zum Beispiel, einer der schönsten Märkte Europas, der in einem Jugendstil-Hallengebäude untergebracht ist. Alles, ob Fisch, Fleisch, Gemüse oder Früchte, ist nach Sorten und Farben

sortiert, auf das appetitlichste arrangiert und wie ein Kunstwerk aufgebaut. Nach einem Streifzug durch diese verführerische Szene geht man natürlich essen. Vielleicht probieren Sie eines der vielen Samfaima-Gerichte. Diese dicke, würzige Sauce aus geschmortem Gemüse, eine Schwester der Ratatouille, liebt man vor allem zu Geflügel. Scharf bis sehr scharf präsentiert sich eine andere katalanische Sauce, Romesco genannt. Sie paßt zu jeder Art von gegrilltem Fisch und Fleisch. Zum Nachtisch gibt es natürlich eine klassische katalanische Creme, eine flaumige Puddingcreme mit Karamelkruste, die ganz zum Schluß mit einem speziellen Brenneisen auf die Oberfläche gezaubert wird.

Zu all dem paßt der trockene katalanische Wein, der auch bei uns einen guten Namen hat. Beliebt sind vor allem die leichten Weißweine aus dem Penédes. Am begehrtesten ist jedoch der Cava, der spanische Sekt, der hauptsächlich aus den Kellereien von Katalonien stammt und im Original-Champagner-Verfahren hergestellt wird. Sie sollten sich unbedingt ein paar Flaschen mit nach Hause nehmen, denn er hat sich zum fein-herben Edelgetränk entwickelt, das den Vergleich mit einem französischen Champagner nicht zu scheuen braucht. Dabei ist er immer noch preiswert im Verhältnis zu seiner verläßlichen Qualität.

Berühmte Feste

In Barcelona feiert man am 23. Juni ein Sommernachtsfest mit Johannisfeuer am Montjuic. Im September sollten Sie das Fest der Señora de la Merced nicht versäumen. Vom 24.–28. September wird sie mit Stierkampf, Volkstanz und Musikfestspielen gefeiert. Auch ein Ausflug nach Tarragona lohnt sich um diese Zeit. Vom 23.–24. September feiert man dort St. Thekla mit Volkstänzen und Menschenpyramiden in Valls und El Vendrell.

Besondere Verehrung genießt Joan Miró, einer der berühmtesten bildenden Künstler des 20. Jh. in seiner Geburtsstadt Barcelona. Den nach ihm benannten Park überragt die über 20 m hohe Dona i Ocell, Frau mit Vogel.

In La Alberca wird Maria Himmelfahrt mit besonderer Hingabe gefeiert. Frauen und Männer führen ein Mysterienspiel auf.

In der Stadt Salamanca liegt das Dominikanerinnen-kloster Las Dueñas, dessen Besuch sich wegen der schönen Kreuzgänge aus dem 16. Jh. lohnt.

Altkastilien und León

Braten, Bohnen und Tortilla

Altkastilien und León umfassen das historische Spanien. Dort liegt Avila mit seiner mauerumschlossenen Altstadt, Segovia mit seiner Märchenburg und dem römischen Aquädukt sowie Burgos mit seiner gotischen Kathedrale, wo man den Spuren des Befreiungshelden El Cid auf Schritt und Tritt begegnen kann. Und das mittelalterliche Salamanca mit der herrlichen, von Arkaden umgebenen Plaza Mayor, der einer der schönsten Plätze Spaniens ist. Die Städte sind wie belebte Oasen in einer Landschaft, die in weiten Teilen einsam und fast menschenleer wirkt.

Die Küche der Region verstärkt noch den Eindruck, man sei in eine längst vergangene Zeit zurückversetzt.

Denn hier kommen vor allem rustikale Bratengerichte auf den Tisch. Oft bruzzeln sie noch in den alten Brotbacköfen über Ginster-, Thymian- oder Rebholzfeuer vor sich hin, was ihnen ein besonderes Aroma gibt. Lamm und Spanferkel sind so zart, »daß man sie mit der Kante eines Tellers zerteilen kann« – wie ein Sprichwort sagt. Manche Köche führen dieses Kunststück tatsächlich vor, und wenn Sie sich dann noch in einem der zahlreichen Burg- oder Klosterrestaurants befinden, machen Fackel- und Kerzenschein die mittelalterliche Szenerie perfekt.

Die richtige Ergänzung zu den opulenten Fleischgerichten braucht man auf der Speisekarte nicht lange zu suchen, denn auch die Tortilla, Spaniens beliebter Eierkuchen, ist hier besonders populär: Mal wird sie als schlichter Kartoffelpfannkuchen aufgetragen, mal lukullisch mit grünem Spargel, zartem Schinken oder sogar Garnelen angereichert.

Die Spezialität von León ist eine würzige, cremige Knoblauchsuppe, die man dort so sehr schätzt, daß sie beim

Avilas großartigstes Bauwerk ist die mit 90 Türmen bewehrte, 2500 m lange und 12 m hohe Stadtmauer, die rund um die Altstadt der ehemaligen Residenz der kastilischen Könige führt.

Volksfest zu Ehren von St. Peter und Paul Ende Juli in Riesenkesseln auf dem Marktplatz gekocht und kostenlos ausgeteilt wird. Ein Lieblingsgemüse der altkastilischen Küche sind Bohnen, die in allen Formen und Farben und frisch oder getrocknet verwendet werden. Eine andere Hülsenfrucht, nicht wegzudenken aus der kastilischen und spanischen Küche, sind Kichererbsen, Garbanzas. Man kocht sie nicht nur, sondern mag sie auch, geröstet und gesalzen, als würzige Knabberei – kein Straßenfest oder Jahrmarkt, wo man sie nicht tütchenweise kaufen kann. Eine weitere Lieblingsknabberei ist Yemas, ein goldgelbes Eierkonfekt, das Sie am besten aus Avila mit nach Hause bringen sollten.

Nördlich von León beginnt das kantabrische Gebirge, das sich bis zum Meer hinzieht. In seinen Flüssen und Bächen fängt man besonders zarte Forellen – man sagt, die besten von ganz Spanien. In León findet deshalb jährlich im August eine Forellenwoche statt, mit Wettangeln, Kochvorführungen und großem Forellenessen, wo man die Fische noch »nach Anglerart« genießen kann, in Lehm gepackt und in der Glut eines offenen Feuers gebacken.

Auf der Weinkarte findet man viele gute Riojas – schließlich stammen sie ja aus unmittelbarer Nachbarschaft. Sie sollten aber auch die regionalen Weine probieren, die besonders gut zu der deftigen Küche passen: Den schweren, dunkelroten Rotwein aus Toro bei Zamora, den frischen, fruchtigen Rosé aus Cigales oder einen der samtigen, trockenen Rotweine aus der Ribera del Duero, dem aufstrebenden Weinbaugebiet im Osten von Valladolid.

Berühmte Feste

In Segovia werden vom 24.–29. Juni die Feste St. Johannes und St. Peter mit Volkstänzen gefeiert.

Der kleine Ferienort Torla liegt am Rande der Pyrenäen und am Eingang des herrlichen Nationalparks Ordesa y Monte Perdido. Von hier aus kann man viele Wanderungen machen.

Aragonien und La Rioja

Paprika, Schinken und edler Wein

In Aragonien und La Rioja findet man überall dort fruchtbares Bauernland, wo der Ebro direkt oder durch künstliche Kanäle das nötige Wasser hinleitet. Sonst beherrscht die herbromantische, nur dünn besiedelte Ebene die Landschaft. Im Norden erheben sich die Pyrenäen mit fischreichen Flüßchen und ausgedehnten Wäldern, die ein ergiebiges Jagdrevier sind. Im Süden liegt dagegen schon die echte Meseta, die typische spanische Hochlandsteppe mit ihrem harten Klimakontrast zwischen glühheißem Sommer und eiskaltem Winter. Das ganze Gebiet gehört, kulinarisch gesehen, zur »Zona de los chilindrónes«.

Kennern der aragonischen Küche klingt das Wort Chilindrón wie Musik in den Ohren. Es bezeichnet eine unwahrscheinlich würzige Komposition aus Tomaten, Zwiebeln und milden Paprikaschoten, sanft geschmort mit Petersilie, Safran und Chili. Eine wahre Zauberformel, denn »a la chilindrón« läßt sich so gut wie alles schmackhaft zubereiten, vom zarten Täubchen bis zum derben Hammelfleisch. Aus Teruel, im Süden Aragoniens, kommt eine weitere kulinarische Spezialität: Migas, knusprig geröstete Knoblauchbrotwürfel, mit mildem oder scharfem Paprika eingefärbt. Migas ißt man immer und überall, zum Frühstück, als Vorspeisen-Häppchen und sogar zum Nachtisch, mit Früchten und Schokolade. Besonders gutes Brot für Migas kommt aus Albarracín, einem Städtchen nahe bei Teruel. Es ist ein malerischer mittelalterlicher Ort mit wappengeschmückten Häusern und Holzbalkonen, wo man in den zahlreichen Panaderias, den Holzofenbäckereien, das typische Fladenbrot probieren kann.

Nördlich davon liegt Saragossa inmitten

von ausgedehnten Obst- und Gemüseplantagen. In dieser Stadt bekommen Sie besonders schönes Koch- und Serviergeschirr: traditionelle Töpferwaren, wie Wasserkrüge, handfeste Kasserollen, geräumige Schüsseln und Teller. Berühmt ist die Stadt auch für ihr verführerisches Angebot an süßen Leckereien: zum Beispiel herbsüßes Marzipan oder konfektkleine Törtchen jeder Art.

Huesca, die den Pyrenäen zugewandte Provinz, hat für ihre einfache, deftige Küche vor allem Schafe, Ziegen, Wild und Süßwasserfische zur Verfügung. Die Forellen werden hier meist schlicht gebraten oder gegrillt, doch vorher mit Schinken gefüllt, was sie erstaunlich herzhaft macht. Lamm, Zicklein und Wild findet man vereint mit aromatischen Kräutern im Cordero al la pastora, dem vielseitigen Hirtentopf. Zu allen Gerichten trinkt man am besten einen Wein aus der Gegend:

zum Beispiel den tiefdunklen, kräftigen, nach Veilchen duftenden Cariñena, ein Vino tinto, schwarzer Wein, im wahrsten Sinne des Wortes, wenn man die spanische Bezeichnung für Rotwein einmal wörtlich übersetzt.

Auch La Rioja, das Land am Rio Oja im Nordwesten von Aragonien, gehört noch zur Zone der Chilindrón-Schmorgerichte. Doch seine eigentliche Spezialität und sein Kapital ist der Wein, der oft mit den renommierten Weinen aus Bordeaux verglichen wird. Es waren nämlich französische Winzer, denen er seine heutige Qualität und seinen Weltruhm verdankt. Sie kamen im vorigen Jahrhundert ins Rioja-Gebiet, um einer Reblausplage in ihren eigenen Weinbergen auszuweichen. Viele blieben, wurden seßhaft und brachten ihren spanischen Kollegen genau das kelterreitechnische Fachwissen bei, das ihnen noch fehlte, um aus einem guten, einen Spitzenwein zu machen.

Die traditionellsten Kellereien findet man in Haro und Ollauri, in der Rioja alta, woher auch die feinsten Weine stammen.

Sie können diese Kellereien besichtigen, dort nach Herzenslust probieren und einkaufen und dabei auch die Küche Riojas kennenlernen, denn fast immer wird zur Weinprobe auch ein Imbiß gereicht: ein Gericht »a la riojana« vielleicht, das natürlich Wein enthält. Die meisten basieren auf Fleisch, Geflügel und Gemüse. Daneben gibt es originelle Wurstspezialitäten, die in ganz Spanien beliebte Räucherwurst Chorizo zum Beispiel.

Berühmte Feste

Mitte Juli müssen Sie beim Stierfest in Teruel dabeisein. In Saragossa wird am 12./13. Oktober das Pilar-Fest mit Laternenumzug, Tanzturnieren und Stierkampf gefeiert.

Der Rio Oja begrenzt den Verlauf der Region La Rioja im Westen. Er gab der Region ihren Namen.

Diese drei Winzer stammen aus dem Dörfchen Pesquera, im Süden des Rioja-Gebietes, das für seinen Wein berühmt ist.

Wegen ihrer köstlichen Tapas und der schönen Atmosphäre ist die Taverna Sanchez in Madrid bei jung und alt gleichermaßen beliebt.

Der Palacio Real in Madrid dient dem Königshaus zu repräsentativen Zwecken.

Neukastilien-La Mancha, Madrid

Brot, Käse und ein nationaler Eintopf

Diese Regionen sind die romantischsten Spaniens. Steppe wechselt ab mit blühenden Wiesen, Lavendel- und Safrankrokusfeldern. Lehmfarbene Dörfer, zu denen mit Mandelbäumen gesäumte Alleen führen, liegen verstreut in der Ebene, und überall stehen die blendendweißen Windmühlen, in denen Don Quichote seine vermeintlichen Feinde sah. Historisch sind auch die Städte dieser Regionen: Aranjuez zum Beispiel, die königliche Sommerresidenz, oder das aristokratische Toledo. Steingrau, doch keinesfalls düster wirkt die monumentale Klosteranlage von El Escorial. Und inmitten von ländlichem Frieden und festgefügter Tradition liegt Madrid, die pulsierende Hauptstadt Spaniens.
Die Küche ist ein Spiegelbild dieser Gegensätze: In Madrid findet man ein paradiesisches Schlemmerangebot, das sich nicht nur auf die zahlreichen Luxusrestaurants beschränkt. Auch in den kleinsten Kneipen watet man spät nachmittags oder nachts in einem Meer von Krustentierschalen, achtlos von den Gästen auf den Boden geworfen – ein gutes Beispiel dafür, wie zwanglos man hier zu genießen versteht. Alle Delikatessen werden täglich in den Morgenstunden aus den verschiedenen Landesteilen herbeigeschafft und kommen frisch auf den Markt.
Die Mancha dagegen, südlich von Madrid gelegen, hat eine durchgehend bäuerliche, deftige und grundsolide Küche. Ihr Reichtum sind die großen Getreidefelder: »Tierra de pan«, Brotland heißt deshalb auch das ganze Gebiet. Man ißt das typische, würzige Fladenbrot zum Pisto manchego, dem typischen Gemüseragout mit Schweinefett, aber auch zu den zahlreichen Schmorgerichten mit Lamm, Kaninchen und Wildgeflügel, Gazpachos manchegos genannt. In Toledo, der »Rebhuhn-Stadt Spaniens«, serviert man dieses Geflügel orientalisch gewürzt, mit Zimt und Nelken oder auch kalt, in eine raffinierte Marinade eingelegt.

Das rote Gold der Mancha

Das bäuerliche Land besitzt jedoch noch einen anderen Schatz: Safran. 70 Prozent der Weltproduktion des kostbarsten aller Gewürze kommen aus dieser und den angrenzenden Regionen. Beim Kauf sollten Sie keine Kompromisse machen und den preiswerten Safran-Ersatz Azafrán colorante, der überall angeboten wird, lieber links liegen lassen. Er färbt die Speisen zwar schön gelb, schmeckt aber eigentlich nach gar nichts.
Ein besonderes Erlebnis ist die Safranernte im Herbst. Dann tun sich überall lilafarbene Blütenmeere auf und

Sieben Windmühlen thronen auf dem Hügel oberhalb des Städtchens Consuegra, rund um die Ruine einer Burg aus dem 12. Jh.

Scharen von Pflückerinnen sind unterwegs, um den kostbaren Rohstoff einzusammeln. Die Ernte wird von Festen, Safran-Auktionen und der Wahl einer Safran-Königin umrahmt, die den Namen von Don Quichotes Traumfrau bekommt: Dulcinea de la Mancha.
Zurück zu den volkstümlichen Spezialitäten. Zu nennen ist da vor allem der Queso manchego, der populärste aller spanischen Käse und Urtyp eines würzigen Schafkäses schlechthin. Als Gütezeichen wird ihm eine Blume eingeprägt. Charakteristisch ist auch das Kordelmuster der Rinde, die man während der Reifezeit mit Hanfschnüren umwickelt. So sieht er auch noch dekorativ aus und ist ein wundervolles Mitbringsel aus dem Land des Don Quichote. Aus Toledo dagegen, sollten Sie sich unbedingt Marzipan mitbringen, denn es ist weltberühmt. Die Weine der Mancha sind wie ihre Küche: bodenständig, einfach und ehrlich. Es sind die bekömmlichen, leichten Valdepeñas-Weine, die in ganz Spanien offen ausgeschenkt und zum täglichen Essen getrunken werden.

Berühmte Feste

In Madrid wird ab 15. Mai San Isidro Labrador, das Namensfest des Stadtheiligen, gefeiert. Das bedeutet zwei Wochen Volksfest, Feuerwerk, Stierkampf und Konzerte. In Toledo lohnt es sich dagegen, bei der besonders feierlichen Fronleichnamsprozession im Juni dabeizusein.

Toledo, für lange Jahre die Wirkstätte des großen El Greco, ist wegen seiner schönen Lage und der vielen gut erhaltenen Bauwerke als Reiseziel sehr beliebt.

Trutzig liegt die Klosteranlage Torre del Relos oberhalb des malerischen Dorfes Guadalupe. König Alfonso XI. gründete den Konvent 1340 als Dank für seinen Sieg über die Mauren.

Extremadura

Wild, Trüffel und saftiges Obst

Die Extremadura ist eine eher unbekannte Region Spaniens, die die meisten Touristen nur achtlos und eilig auf dem Weg nach Portugal durchfahren. Kaum jemand weiß, daß viele berühmte Eroberer und Entdecker aus dieser Gegend stammen: So zog Hernán Cortés von hier aus nach Mexiko, und Francisco Pizarro holte Peru unter die spanische Krone. Heute scheint die Extremadura selbst auf ihre Entdekkung zu warten, so still, verträumt und fast ein wenig rückständig wirkt sie auf den ersten Blick. Sie ist deshalb ein ideales Ziel für Neugierige, für Natur- und Kunstliebhaber, aber auch für Feinschmecker, denn schon bei einem kurzen Zwischenstopp oder einem kleinen Umweg kann man ungeahnte Schätze entdecken und auch die erstaunlich feine Küche der Gegend kennenlernen.

Direkt an der Transitstraße liegen Cáceres mit seiner denkmalgeschützten Altstadt, Trujillo mit seinen Adelspalästen und Mérida mit seinen guterhaltenen Ruinen aus der Römerzeit. Etwas abseits findet man die berühmten Klöster von Yuste, von Alcántara

und vor allem von Guadalupe, wo die »Schutzpatronin aller spanischen Länder«, eine schwarzgesichtige Madonnenfigur, mit besonderer Andacht verehrt wird. Die Landschaft ringsum ist wie geschaffen zum Aufatmen und Entspannen. Ausgedehnte Wälder mit Korkeichen, Pinien, Kastanien und Olivenbäumen, mit Blüten übersäte Weideflächen und heckengesäumte Felder liegen in fast unwirklichem Frieden da.
Die schönen und ausgedehnten Wälder der Extremadura sind auch eines der wichtigsten Jagdgebiete Spaniens, vor allem für Hirsche, Hasen und Wildgeflügel. »Nimm vom Hasen und Kaninchen die Sonne (den Rücken) und vom Rebhuhn den Schatten (die Brust)«, heißt es in einem Sprichwort der Jäger, die also auch vom Kochen viel verstehen. Kein Wunder, daß man in dieser abgelegenen Gegend besonders gut essen kann. Die hervorragenden Rezepte stammen teilweise noch aus den alten Klosterküchen, die oft für die Verpflegung adeliger und königlicher Gäste zu sorgen hatten. Man erzählt sogar, das Manuskript eines über die Grenze geschmuggelten Klosterkochbuchs aus der Extremadura habe die französische Haute cuisine erst zu dem gemacht, was sie heute ist. So finden Sie auf der Speisekarte auch heute noch getrüffelten Fasan oder Rebhuhn in Trüffelsauce. Diese Gerichte sollten Sie unbedingt probieren, denn schwarze Wintertrüffel sind eine Spezialität der Gegend, ebenso wie die hellen, gesprenkelten Criadillas de tierra, eine ganz eigene Trüffelsorte. Besonders köstlich schmeckt auch der zarte, luftgetrocknete Bergschinken aus Montánchez bei Cáceres oder die im ganzen Land gerühmten Schweinswürste, Morcón extremeño, die oft wunderlich geformt und kürbisdick sind. Sie werden in allen nur erdenklichen Geschmacksvariationen hergestellt, von süßlich mild bis chilischarf. In den sonnenreichen Tälern, besonders im Jertetal, wird aromatisches Obst und Gemüse geerntet. Als Nachtisch wird deshalb am liebsten eine Riesenschüssel mit frischgepflückten Früchten aufgetragen.
Obwohl die Extremadura kein ausgesprochenes Weinanbaugebiet ist, können Sie überall einen anständigen, regionalen Tischwein bekommen. Bekannt sind vor allem die Weine aus Los Barros in der Provinz Badajoz, wie der frische, weiße Almendralejo, aus Montánchez bei Cáceres und aus Cañamero in der Nähe von Guadalupe, wo man einen alkoholreichen, fast sherryähnlichen Wein erzeugt.

Berühmte Feste

In Guadalupe wird am 12. Oktober die Entdeckung Amerikas mit feierlichen Prozessionen gefeiert.

Trujillo gilt als die schönste Stadt der Extremadura. Ausgelassen tanzen Landfrauen mitten auf dem Plaza Mayor.

Murcia, Valencia – die Levante

Reis und Orangen

Die Levante ist eine Region mit feinsandigen Traumstränden, glitzernden Lagunen und maurisch anmutenden Dörfern entlang der Costa Blanca, der weißen Küste. An der nördlich sich anschließenden Costa de Ahazar, der Orangenblütenküste, erfüllt der Duft tropischer Pflanzen die Luft. Dort liegt die Stadt Valencia mit ihrem feurigen Temperament. Kein Wunder, daß dieser Küstenstreifen eine magische Anziehungskraft besitzt, was jedoch eine Entwicklung ausgelöst hat, die das Landschaftsbild nicht immer verschönerte.

Aber noch kann man die Sünden des vermeintlichen Fortschritts ebenso meiden wie die Allerweltsküche der Touristenrestaurants. Um eine echte Paella valenciana zu genießen, die Urform des bekanntesten spanischen Nationalgerichts, sind Sie in einem kleinen Dorf oder einem Strandlokal genau richtig. Das Potpourri der Zutaten für die Paella wechselt stark. Die schlichtere Zusammenstellung – nur Reis mit ein paar Fischen – ist ebenso original wie die üppigste Version mit vielen Sorten Fisch, Fleisch, Gemüse und luxuriöser Langusten-Garnitur.

Die Paella ist jedoch nicht die einzige Spezialität der »Zona de arroces«, der Zone der Reisgerichte, wie dieses Gebiet auch heißt. Auch Fisch und Krustentiere gibt es reichlich, darunter so seltene Delikatessen wie Meeräschen samt ihrem Rogen, der kostbar und köstlich wie Kaviar ist.

Auch für Obst- und Gemüseliebhaber ist die Levante ein Paradies. In den Huertas, den ausgedehnten Plantagen, gedeiht alles so prächtig, daß man oft bis zu viermal im Jahr ernten kann. Neben Reis werden vor allem Paprika, Tomaten, Zwiebeln, Artischocken und Spargel angebaut, alles Zutaten für den knackigfrischen Ensalada mista, den gemischten Salat, der hier fast jede Mahlzeit begleitet. Tausende von Mandelbäumen, einst von den Mauren eingeführt und angepflanzt, liefern die Hauptzutaten für vielerlei Mandel- und Marzipan-Leckereien und für die berühmteste der spanischen Süßigkeiten, den Turron. Dieser Nougat hat mit der uns bekannten Konfektmasse nur wenig gemeinsam und ist ein Thema mit vielen Variationen. Diese Spezialität sollten Sie sich am besten um Weihnachten herum kaufen. Dann ist die Auswahl unwiderstehlich und riesengroß. Eine weitere Spezialität der Gegend ist Tronchón, ein origineller, runder Schafkäselaib, der auf einer oder auf beiden Seiten einen trichter-förmigen Krater aufweist. Er ist cremig, wenig gesalzen, nicht sehr

Die Levante wird auch Zone der Reisgerichte genannt. Auf künstlich überfluteten Feldern wachsen die Reispflanzen heran.

fett und schmeckt ausgezeichnet. Auch der Wein der Levante ist exzellent. Fruchtiger, frischer Weißwein kommt aus Turia, der beliebte Rosé aus Utiel, Requena dagegen ist mild und leicht, ohne süßlich zu sein. Kräftiger, dunkler Rotwein stammt aus Villena und Monóvar. Doch soll noch ein anderes Getränk nicht vergessen werden, das Sie nirgendwo besser bekommen: die spritzige Sangria, Spaniens beliebte Rotweinbowle mit Zitrusfrüchten.

Berühmte Feste

In Valenzia findet vom 12.–19. März Fallas statt, eine Festwoche mit Umzügen und Stierkampf; vom 17.–31. Juli werden dort Figuren aus Papiermaché prämiert, die am letzten Tag verbrannt werden. In Alicante wird am 24. Juni Fogueras gefeiert, ein Fest ähnlich den Fallas, und in Alcoy wird Ende April das historische Kampfspiel Moros y Cristianos (Mauren und Christen) aufgeführt.

Jedes Jahr im August spielen prächtig gekleidete Männer in Caravaca das traditionelle Spiel Mauren und Christen.

Die Barock-Kathedrale ist eine der Hauptsehenswürdigkeiten Murcias. Sie erhielt erst Mitte des 18. Jh. ihre reich verzierte Fassade.

Die Alhambra, gegenüber der Stadt Granada gelegen, ist eines der schönsten und besterhaltenen Bauwerke aus der Zeit der maurischen Herrschaft.

Andalusien

Sherry und Oliven

Andalusien ist das Spanien, wo es – mit Touristenaugen gesehen – am spanischsten ist: Die Costa del Sol ist der Sonnenanbeterstrand für Tausende, die jährlich dort Urlaub machen. Westlich davon liegt die stillere Costa de la Luz, die Küste des Lichts, von der Columbus zu seiner Entdeckerfahrt startete und wo man heute eines der letzten großen Naturreservate Europas durchstreifen kann, die vogel- und wildreiche Coto Doñana. Das nahe Hinterland bietet erlesene Sehenswürdigkeiten, allen voran die Alhambra von Granada, die Mezquita von Córdoba und Ronda mit seiner waghalsigen Brückenkonstruktion aus römischer Zeit. Mijas ist ein spanisches Künstlerdörfchen wie aus dem Bildband. Die schneebedeckte Sierra Nevada lockt als extravagantes Skigebiet. Málaga und Sevilla bieten Hafen- und Zigeunerromantik und zwei weltbekannte Spezialitäten dazu: spanische Oliven und spanischen Sherry. Nicht zu vergessen der Gazpacho, die kalte Gemüsesuppe, die inzwischen ein Klassiker der internationalen Sommerküche ist.

Doch ehe Sie sich in Andalusien, und vor allem in Sevilla, zum Essen setzen, sollten Sie die spanische Küche von einer ihrer besten und unterhaltsamsten Seiten kennenlernen. »In Sevilla non se come, se tapea« heißt ein Sprichwort: »In Sevilla ißt man nicht, man geht Tapas naschen.« Tapa – das war ursprünglich nur ein Stückchen Brot, das man auf sein Sherryglas legte, um einfliegende Tierchen abzuhalten. Heute sind Tapas ein abend- und magenfüllendes Programm, denn die winzigen Häppchen werden in einer Vielfalt angeboten, daß man nicht aufhören kann zu probieren. Man fängt an mit Oliven, pickt sich gebackene Fischchen und Krabben aus Schälchen mit würziger Sauce, kostet verschiedene Sorten Schinken und Wurst, knabbert knusprige Kartoffelbällchen, wählt unter raffiniert eingelegten Pilzen und anderem Gemüse. Dazwischen nippt man am Sherry, am besten einem trockenen, leichten Fino mit feinem Mandelaroma. Die süßeren Sherry-Sorten genießt man besser zum Dessert.

Die größten und berühmtesten Sherry-Erzeuger haben ihren Sitz in Jerez de la Frontera, in der Stadt, die dem Sherry seinen Namen gab. In riesigen Bodega-Hallen lagert er in reihenweise aufgeschichteten Eichenfässern, bis er die richtige Reife und das beste Aroma hat. Der Alkoholgehalt von 16 bis 20 Prozent wird durch den Zusatz von Branntwein erreicht. Im September wird in Jerez das Weinlesefest gefeiert, das Sie gut mit einer Sherry-Probe verbinden können.

Doch Andalusien hat noch mehr Köstlichkeiten zu bieten: harten, luftgetrockneten Schinken aus Jabugo und Trevélez, von extra dafür gezüchteten schwarzen und hellen Schweinen.

Oder Huevos a la flamenca, die man in Sevilla überall auf der Speisekarte findet. Diese Brateier sind mit farbenfrohem Gemüse garniert, das in der fruchtbaren Vega von Granada, die durch ein ausgeklügeltes, von den Mauren erdachtes System bewässert wird, rund ums Jahr bis zu dreimal geerntet werden kann.

Wer Süßes liebt, hat die Qual der Wahl unter vielen zuckersüßen Kleinigkeiten aus Mandeln, Pinienkernen, Honig, Zimt und Ei. Besonders berühmt sind die Yemas von San Leandro und Santa Ursula, kandiertes Dotterkonfekt aus den Klosterbäckereien.

An der Costa de la Luz liegt das Bergstädtchen Vejer de la Frontera. Einst war es Grenzbastion gegen das maurische Reich von Granada.

Berühmte Feste

Mitte April, wenn in Sevilla die Feria, das Folklore-Fest gefeiert wird, können Sie überall Tapas und andere Köstlichkeiten naschen, oder Sie fahren Ende April/Anfang Mai zum Pferdemarkt nach Jerez de la Frontera. Nach Cordoba lohnt es sich Mitte Mai zu fahren, um das Flamenco-Festival mitzuerleben. Zu Pfingsten dürfen Sie keinesfalls die berühmte Zigeuner-Wallfahrt in El Rocio versäumen. Außerdem finden in Granada Ende Juni Musik- und Tanzfestspiele statt.

Beim alljährlichen Frühlingsfest in Niebla nehmen auch die Kinder in prächtigen Festtagskleidchen teil.

Die Frauen von Sollér auf Mallorca haben ihre Stadt im 15. Jh. vor einem Piratenüberfall gerettet. Das Fest der tapferen Frauen wird groß gefeiert.

Balearen und Kanarische Inseln

Orientalische Gewürze und pikante Saucen

Spaniens Urlaubs- und Klimaparadiese im Mittelmeer und im Atlantik haben vom Ansturm der Touristen nicht nur profitiert. Viele der malerischen Küsten des Balearen-Archipels sind zugebaut und unter Betonflächen verschwunden. Doch man ist dabei, die rücksichtslose Erschließung einzuschränken und zu retten, was zu retten ist: Noch gibt es die Inseln in ihrer ursprünglichen Schönheit, wenigstens stellenweise.

Für die Küche kann man das gleiche sagen: Fast-Food und andere modische Gaumenkitzel, die bisher das Angebot bestimmten, sind auf dem Rückzug. Die Restaurants servieren wieder mehr von den typischen regionalen Spezialitäten – und haben Erfolg damit.

Schweinefleisch, Feigen und Mandeln sind die Grundpfeiler der Küche Mallorcas, der größten Balearen-Insel. Feinere Gerichte sind oftmals maurisch beeinflußt und gewürzt: Hühnchen serviert man mit Granatapfelfülle, Truthahn mit Mandeln, Schweine- und Kalbfleisch werden mit Feigen, Mandeln und Rosinen kombiniert.

Streift man durch die Altstadt von Palma, findet man an manchen Ecken noch die historischen Backstuben – Forns, Backöfen genannt. Hier bekommen Sie mit Sicherheit noch ofenwarme Ensaimadas. Das sind dickwulstige Hefeteigschnecken, die in Schweineschmalz ausgebacken werden. Es gibt sie in allen Größen, vom Frühstücksteller- bis zum Wagenrad-Format. Wer sie mit auf die Heimreise nehmen will, kann sie eigens in eine Art Hutschachtel verpacken lassen. Auf dem Flughafen von Mallorca können Sie oft ganze Stapel davon entdecken!

Viele Süßigkeiten werden aus Mandeln gemacht, von der Mandelmilch bis zum Mandeleis. Wer frische Früchte genießen will, besucht am besten die berühmten Zitrusplantagen El Sollér.

Auf den kleineren Inseln Menorca, Ibiza und Formentera stehen mehr die Fischspezialitäten im Vordergrund.

Das romantische Fischerdorf Puerto de Mógan liegt an der äußersten Südküste von Gran Canaria.

Die klassischen Fischsuppen sind oft mit Muscheln und Krustentieren veredelt. Probieren müssen Sie auch den würzigen Käse aus Menorca, Mahón, eine Art spanischer Parmesan.
Guter Weiß- und Rotwein kommt aus den Kellereien von Binissalem und Felanitx auf Mallorca. Daneben gibt es interessante Likörspezialitäten aus Kräutern, Blättern, Blüten und Zitrusfrüchten. Sie sind für den Magen ein Labsal und für den Gaumen ein Genuß!
Auch die Küche der Kanarischen Inseln läßt maurischen Einfluß erkennen, doch trägt sie genauso afrikanische, ja sogar südamerikanische Züge. Am auffälligsten ist hier der Getreidebrei, Gofio, der auf die Guanchen, die Ureinwohner der Inseln, zurückgeht und den man anstelle von Brot zu vielen Gerichten serviert. Zu vielen kleinen Vorspeisen serviert man die typische Mojo-Sauce, eine Art Dip, den es als milden Majo verde mit viel Petersilie, Koriander und Kreuzkümmel oder als scharfen Mojo picón mit Paprika, Chili und Knoblauch gibt.
Die Nachspeisen sind orientalisch süß, daneben gibt es aber auch reifes Obst in Hülle und Fülle, vor allem Bananen, Kaktusfeigen und erfrischende Mispelfrüchte, Nispelros. Der beste kanarische Wein kommt von den Inseln Hierro und Lanzarote. Den schweren, süßen oder trockenen Malvasier aus Teneriffa trinkt man auch in verdünnter Form, als Erfrischung oder Aperitif.

Berühmte Feste

Anfang Mai wird auf Mallorca das Fest der tapferen Frauen gefeiert und ein historisches Kampfspiel aufgeführt. Mitte Mai findet in Palma de Mallorca alljährlich die kulinarische Messe statt, mit vielen Kostproben-Ständen. In Vilafranca de Bonany auf Mallorca sollten Sie im September das Melonenfest mitfeiern.

Das Dorf Betancuria auf Fuerteventura war einst Hauptstadt, Königs- und Bischofssitz zugleich (oben). In Arrieta im Norden Lanzarotes bekommt man in den Restaurants nicht nur ausgezeichneten Fisch, sondern auch köstliche süße Kartoffeln.

FORLASA
45% FETT i. Tr.
KUNSTSTOFFÜBERZUG NICHT ZUM VERZEHR
Contenido neto en venta

TAPAS

Diese Art, sich auf das Essen »einzustimmen«, gibt es nur in Spanien. Jeder, der schon einmal dort war, kennt die Bars, in denen man aufpassen muß, sich nicht schon an den appetitanregenden kleinen Häppchen, den Tapas, satt zu essen. Es gibt im ganzen Land kein Essen ohne »Aperitifo«, denn so klingt der Arbeitstag gemütlich aus, zu Hause, aber besser noch mit Freunden oder Arbeitskollegen in einer Bar. Wie gut diese ist, erkennt man an der Vielfalt ihrer hausgemachten Köstlichkeiten, die selbstverständlich täglich frisch zubereitet werden. Bei einem Glas gekühlten Sherry Fino oder Manzanilla nascht man Oliven, Salzmandeln, Serrano-Schinken und Käse. Oder kleine kalte und warme Gerichte wie Nierchen in Sherrysauce, fritierte oder eingelegte Sardellen, mariniertes Gemüse und Meeresfrüchte, Salate und Tortillas, um nur einige Beispiele zu nennen. Die vielen verschiedenen Häppchen ersetzen oft die Vorspeisen, Entremeses, die in Spanien eine geringe Rolle spielen und meist nur in Restaurants mit internationalem Publikum angeboten werden. Immer öfter werden die Miniportionen, die eigentlich nur den Appetit anregen sollen, anstelle des Mittagessens oder der abendlichen Mahlzeit gegessen. Inzwischen sind die kleinen Häppchen auch bei uns sehr beliebt, besonders bei Einladungen. Sie lassen sich gut vorbereiten, bieten für jeden Geschmack etwas, und man wird sich danach angenehm satt und wohl fühlen.

Fleischbällchen

Ganz Spanien · Braucht etwas Zeit

Albóndigas en salsa de tomate

Zutaten für 4–6 Portionen:
1 große Zwiebel
6 EL Olivenöl
5 cl trockener Sherry Fino
750 g Fleischtomaten
1 Lorbeerblatt
1/8 l Fleischbrühe
600 g Hackfleisch, gemischt
2 Knoblauchzehen
1 Bund glatte Petersilie
2 Eier
3 EL Paniermehl
Salz
schwarzer Pfeffer, frisch gemahlen
1 Prise scharfes Paprikapulver

Zubereitungszeit: 30 Min.
(+ 40 Min. Garen)

Bei 6 Portionen pro Portion:
2800 kJ/670 kcal

1 Zwiebel schälen und fein hacken. 2 EL Olivenöl in einem Topf erhitzen und die Zwiebel darin bei schwacher Hitze weich dünsten. Mit Sherry ablöschen.

2 Inzwischen Tomaten überbrühen, häuten, quer halbieren und entkernen. Das Fruchtfleisch kleinhacken, in den Topf geben und das Lorbeerblatt einlegen. Fleischbrühe dazugießen, langsam aufkochen und zugedeckt etwa 30 Min. köcheln lassen.

3 Inzwischen Hackfleisch in eine Schüssel füllen. Knoblauch schälen und dazupressen. Petersilie waschen, trockenschütteln, abzupfen, fein hacken und die Hälfte davon mit den Eiern und dem Paniermehl dazugeben. Alles gut durchmischen und mit Salz, Pfeffer und Paprikapulver kräftig würzen.

4 Aus dem Fleischteig mit angefeuchteten Händen etwa 20 walnußgroße Bällchen formen. Das restliche Olivenöl in einer großen Pfanne erhitzen und die Hackfleischbällchen darin bei mittlerer Hitze rundum braun braten.

5 Die Tomatensauce mit Salz, Pfeffer und Paprikapulver kräftig würzen. Die Hackfleischbällchen in die Sauce legen und weitere 10 Min. bei schwacher Hitze ziehen lassen. Mit der restlichen Petersilie bestreuen und mit Weißbrot servieren.

Getränke: Ein trockener Sherry Fino oder Manzanilla passen ausgezeichnet zu diesem Gericht.

Perlzwiebeln in Sherryessig

Aus Andalusien · Gelingt leicht

Cebolletas al vinagre de jerez

Zutaten für 4–6 Portionen:
500 g Perlzwiebeln (ersatzweise Schalotten)
6 EL Olivenöl
150 ml Sherryessig
1 Nelke
1 getrocknete Chilischote
1 Zweig Thymian
1 Lorbeerblatt
1 TL schwarze Pfefferkörner
1 TL Salz
1 Prise Zucker

Zubereitungszeit: 30 Min.
(+ 30 Min. Garen + 1 Std. Kühlen)

Bei 6 Portionen pro Portion:
750 kJ/180 kcal

1 Perlzwiebeln schälen. Olivenöl in einem breiten Topf erhitzen und die Perlzwiebeln darin goldgelb braten.

2 Sherryessig und ¼ l Wasser dazugießen. Nelke, Chilischote, Thymianzweig, Lorbeerblatt, Pfefferkörner, Salz und Zucker hinzufügen.

3 Die Zwiebeln zugedeckt bei mittlerer Hitze etwa 30 Min. köcheln. In dem Sud ganz auskühlen lassen.

Info: Sherryessig ist eine bei Gourmets beliebte Spezialität. Er wird aus Sherry produziert und gibt Salaten, Gemüse, Fleischgerichten und Saucen mit seinem charakteristischen Aroma und seiner würzigen Säure einen ganz besonderen Geschmack. Sie finden ihn in allen gut sortierten Supermärkten und Feinkostläden.

Tip! Die Perlzwiebeln schmecken als Tapa, aber auch als Beilage zu gegrilltem und gekochtem Fleisch oder Wild hervorragend.

Marinierte Paprikaschoten

Aus Rioja · Gelingt leicht

Pimentos en adobo

Zutaten für 4 Portionen:
4 große rote Paprikaschoten (etwa 1 kg)
4 Knoblauchzehen
Salz
schwarzer Pfeffer, frisch gemahlen
1 Prise scharfes Paprikapulver
200 ml Olivenöl, kaltgepreßt
1 EL Sherryessig

Zubereitungszeit: 15 Min.
(+ 20 Min. Garen + 2 Std. Marinieren)

Pro Portion: 2100 kJ/500 kcal

1 Backofen auf 250° (Gas Stufe 5) vorheizen. Paprikaschoten auf das Gitter legen und etwa 20 Min. garen. Die Haut sollte dann leicht bräunlich werden und Blasen werfen.

2 Inzwischen Knoblauch schälen und in dünne Scheiben schneiden.

3 Paprikaschoten etwas abkühlen lassen, häuten und das Kernhaus entfernen. Die Schoten in etwa 2 cm breite Längsstreifen schneiden, mit Salz, Pfeffer und Paprikapulver würzen und in eine Schüssel legen.

4 Die Knoblauchscheiben darauf verteilen und mit Olivenöl und Sherryessig begießen, die Schoten sollten von der Marinade bedeckt sein. Die marinierten Paprikaschoten zugedeckt im Kühlschrank mindestens 2 Std. ziehen lassen.

Variante: Im Baskenland schneidet man die abgezogenen Paprikaschoten in schmale Streifen, brät sie kurz in Olivenöl und würzt mit etwas Chili, Knoblauch, Pfeffer und Salz.

Tip! Die marinierten Paprikaschoten sind eine köstliche Beilage zu gegrilltem Fleisch.

Nierchen in Sherry

Aus Andalusien · Gelingt leicht

Rinones al jerez

Zutaten für 4 Portionen:
1 Kalbsniere (etwa 400 g)
etwas Milch zum Einlegen
1 Zwiebel
1 Knoblauchzehe
2 EL Olivenöl, kaltgepreßt
200 ml trockener Sherry Fino
1 kleines Lorbeerblatt
Salz
schwarzer Pfeffer, frisch gemahlen

Zubereitungszeit: 10 Min.
(+ 30 Min. Marinieren + 25 Min. Garen)

Pro Portion: 760 kJ/180 kcal

1 Kalbsniere längs halbieren und die weißen Stränge herausschneiden. Abspülen und in einer Schüssel, mit Milch bedeckt, mindestens 30 Min. ziehen lassen.

2 Inzwischen Zwiebel schälen und fein hacken. Knoblauch schälen.

3 Kalbsniere aus der Milch nehmen, abtupfen und in schmale Scheiben schneiden. Olivenöl in einer Pfanne erhitzen und die Nierchenscheiben bei starker Hitze portionsweise darin anbraten. Herausnehmen und beiseite stellen.

4 Im verbliebenen Bratfett bei mittlerer Hitze Zwiebel weich dünsten und Knoblauch dazupressen. Mit Sherry ablöschen, Lorbeerblatt einlegen und die Sauce etwa 3 Min. köcheln lassen. Die Nierchen salzen, pfeffern und samt dem ausgetretenen Saft in der Sauce weitere 3 Min. erwärmen. Sofort servieren. Dazu Weißbrot reichen.

Tip! Die Nierchen sind als Tapa typisch, ergeben aber auch ein Hauptgericht für 2 Personen. Anstelle der Kalbsnieren können Sie auch Hühnerleber verwenden, auch eine klassische Variante.

Geflügelkroketten

Ganz Spanien · Braucht etwas Zeit

Croquetas de pollo

Zutaten für 4 Portionen, etwa 16 Stück:
1 Hähnchenbrustfilet (etwa 150 g)
1 EL Olivenöl, kaltgepreßt · Salz
weißer Pfeffer, frisch gemahlen
1 Knoblauchzehe · 2 EL Butter
2 EL Mehl und Mehl zum Wälzen
¼ l Milch
1 Prise Muskat, frisch gerieben
1 Ei · 5 EL Paniermehl
Olivenöl zum Ausbacken

Zubereitungszeit: 50 Min. (+ 45 Min. Abkühlen)

Pro Stück: 1000 kJ/240 kcal

1 Hähnchenbrustfilet in einer Pfanne in Olivenöl bei mittlerer Hitze etwa 10 Min. braten, salzen und pfeffern. Inzwischen Knoblauch schälen und darüber pressen. Filet herausnehmen, beiseite stellen und abkühlen lassen.

2 Butter in einem Topf erhitzen, Mehl einstreuen und goldgelb werden lassen. Milch langsam dazugießen, dabei ständig mit dem Schneebesen schlagen, damit keine Klümpchen entstehen. Die Sauce in 6–8 Min. dick einkochen.

3 Filet im elektrischen Zerhacker fein zerkleinern und unter die Sauce rühren. Mit Salz, Pfeffer und Muskat kräftig würzen. Die Masse abgekühlt für etwa 30 Min. in den Kühlschrank stellen.

4 Aus der Masse mit bemehlten Händen 16 Kroketten formen. Ei in einem Teller verquirlen, Mehl und Paniermehl auf zwei weitere Teller geben. Die Kroketten erst in Mehl wenden, dann im Ei und zuletzt in Paniermehl wälzen.

5 In einer Pfanne mit hohem Rand Olivenöl erhitzen und die Kroketten portionsweise 3–4 Min. darin goldgelb ausbacken. Auf Küchenpapier etwas abtropfen lassen. Heiß oder kalt mit anderen Tapas servieren.

Info: Kroketten gibt es in sehr vielen Varianten, z. B. mit Schinken, Stockfisch oder Fleisch.

Möhrensalat

Aus Andalusien · Gut vorzubereiten

Ensalada de zanahoria

Zutaten für 4–6 Portionen:
500 g Möhren
2 Knoblauchzehen
3 EL Weißweinessig
4 EL Olivenöl, kaltgepreßt · Salz
schwarzer Pfeffer, frisch gemahlen
1 TL Kreuzkümmel
½ TL mildes Paprikapulver
1 EL frische Oreganoblättchen

Zubereitungszeit: 15 Min. (+ 20 Min. Garen + 4–12 Std. Marinieren)

Bei 6 Portionen pro Portion: 360 kJ/86 kcal

1 Möhren schälen, in einen Topf legen und knapp mit Wasser bedeckt aufkochen. Zugedeckt, je nach Größe der Möhren 15–20 Min. bei mittlerer Hitze garen.

2 Knoblauch schälen, sehr fein hacken und in einer Schüssel mit Weißweinessig, Olivenöl, Salz, Pfeffer, Kreuzkümmel, Paprika und Oregano verrühren.

3 Möhren in einem Sieb abtropfen lassen und in ½ cm dicke Scheiben schneiden. Die Möhrenscheiben in der Marinade wenden und am besten über Nacht ziehen lassen.

Info: Kreuzkümmel ist ein Gewürz, das von den Mauren nach Spanien gebracht wurde. Er hat ein ganz einzigartiges scharfes Aroma, das sich von Kümmel und Anis gleichermaßen unterscheidet, denen er optisch etwas ähnelt. Kreuzkümmel ist geschmacksintensiv und sollte sparsam verwendet werden. Sie können ihn ganz oder als Pulver in gut sortierten Supermärkten oder Spezialitätenläden kaufen.

Tip! Paßt gut zu Tapas aus Fleisch oder Geflügel. Aber auch als Beilage zu Gegrilltem.

Sommersalat

Aus Malaga · Gelingt leicht

Pipirrana

Zutaten für 4–6 Portionen:
1 kleine rote Paprikaschote
1 kleine grüne Paprikaschote
1 kleine Salatgurke
1 kleine Gemüsezwiebel
2 Fleischtomaten (etwa 400 g)
4 EL Rotweinessig
Salz
schwarzer Pfeffer, frisch gemahlen
5 EL Olivenöl, kaltgepreßt
3–4 Knoblauchzehen

Zubereitungszeit: 30 Min.
(+ 1 Std. Marinieren)

Bei 6 Portionen pro Portion:
470 kJ/110 kcal

1 Paprikaschoten putzen und waschen. Gurke schälen, längs halbieren und die Kerne mit einem Löffel herauskratzen. Gemüsezwiebel schälen. Alles Gemüse in winzig kleine Würfel schneiden und in eine Schüssel füllen.

2 Die Tomaten überbrühen, häuten, quer halbieren, entkernen und das Fruchtfleisch in kleine Würfel schneiden. Zu dem anderen Gemüse geben.

3 Rotweinessig mit Salz, Pfeffer und Olivenöl kräftig verrühren. Den Knoblauch schälen und dazupressen. Die Sauce über das Gemüse gießen und den Salat gründlich mischen. Im Kühlschrank etwa 1 Std. ziehen lassen. Mit Weißbrot servieren.

Variante: Sie können auch gekochte Scampis, Muscheln oder Jacobsmuscheln unter die halbe Menge Salat mischen, dann heißt das Gericht »Salpicon de Mariscos«.

Tip! Der Sommersalat ist als Tapa, aber auch als Beilage zu Fleisch und Geflügel geeignet.

Maurische Fleischspieße

Aus Cordoba · Deftig

Pinchos morunos

Zutaten für 4 Portionen:
600 g Schweinefilet
1 TL Kreuzkümmel
1 Prise Cayennepfeffer
2 EL mildes Paprikapulver · Salz
schwarzer Pfeffer, frisch gemahlen
5 EL Olivenöl
4 Cocktailtomaten
kleine Holzspieße

Zubereitungszeit: 15 Min.
(+ 1 Std. Marinieren
+ 12 Min. Garen)

Pro Portion: 1600 kJ/380 kcal

1 Das Schweinefilet in Würfel von etwa 2 cm Kantenlänge schneiden.

2 Kreuzkümmel, Cayennepfeffer, Paprikapulver, Salz, Pfeffer und Olivenöl in einer großen Schüssel verrühren. Die Fleischwürfel gründlich darin wenden und im Kühlschrank etwa 1 Std. ziehen lassen.

3 Fleischwürfel dicht auf Spießchen stecken und auf dem Grill oder in einer Pfanne bei mittlerer Hitze 10–12 Min. braten, dabei öfters wenden. Tomaten waschen, halbieren und die Fleischspieße damit garnieren. Als Beilage passen Weißbrot und andere Tapas.

Getränk: Sherry paßt besonders gut zu diesem Gericht.

Info: Ursprünglich wurden die Pinchos morunos nur mit Lammfleisch gemacht. Inzwischen verwendet man in ganz Spanien Schweinefleisch. An die arabische Herkunft erinnert nur noch der Kreuzkümmel, den die Mauren aus Afrika mitgebracht haben.

Tip! Die Menge reicht für 2 Personen als Hauptgericht, mit einem gemischten Salat als Beilage.

Garnelenomelette

Ganz Spanien · Geht schnell

Tortilla de gambas

Zutaten für 4 Portionen:
200 g gegarte Tiefseegarnelen, geschält
Saft von ½ Zitrone
3 EL Olivenöl
4 Eier
Salz
schwarzer Pfeffer, frisch gemahlen

Zubereitungszeit: 10 Min. (+ 10 Min. Garen)

Pro Portion: 1100 kJ/260 kcal

1 Tiefseegarnelen in eine Schüssel geben, mit Zitronensaft beträufeln.

2 Olivenöl in einer Pfanne von etwa 20 cm Durchmesser erhitzen und die Tiefseegarnelen kurz darin schwenken.

3 Eier in einer Schüssel mit Salz und Pfeffer gut verquirlen. Gleichmäßig über die Tiefseegarnelen in die Pfanne gießen und bei schwacher Hitze etwa 5 Min. stocken lassen.

4 Die Tortilla mit Hilfe eines Tellers wenden und weitere 5 Min. garen lassen. Anschließend auf einen Teller gleiten lassen und die Tortilla in Tortenstücke oder mundgerechte Würfel schneiden. Heiß oder kalt mit anderen Tapas und Weißbrot reichen.

Getränke: Ein trockener Sherry Fino oder Manzanilla passen gut dazu.

Varianten: Spinatomelette
Anstelle der Garnelen können Sie auch 400 g gedünsteten Blattspinat mit Knoblauch und 1 EL geröstete Pinienkerne verwenden.

Katalanisches Omelette
3 mittelgroße grüne Paprikaschoten, 1 Zwiebel und 1 gehäutete Fleischtomate fein würfeln, in Öl weich dünsten, dann die Eier darüber gießen.

Russischer Salat

Ganz Spanien · Gut vorzubereiten

Ensalada rusa

Zutaten für 4–6 Portionen:
750 g Kartoffeln, festkochend
200 g grüne Bohnen · Salz
150 g Möhren
150 g Erbsen, gepalt
schwarzer Pfeffer, frisch gemahlen
4 EL Sherryessig
3 Eigelb von ganz frischen Eiern
1 EL Zitronensaft
¼ l Olivenöl

Zubereitungszeit: 50 Min. (+ 30 Min. Marinieren)

Bei 6 Portionen pro Portion: 2200 kJ/520 kcal

1 Kartoffeln waschen und knapp mit Wasser bedeckt in etwa 30 Min. garen.

2 Inzwischen Bohnen putzen, waschen und in Salzwasser etwa 10 Min. garen, dann eiskalt abschrecken und abtropfen lassen. Möhren schälen und in kleine Würfel schneiden. Zusammen mit den Erbsen in kochendem Salzwasser etwa 5 Min. garen, wiederum eiskalt abschrecken und gut abtropfen lassen.

3 Kartoffeln pellen und in Würfel von etwa 1 cm Kantenlänge schneiden. Mit dem anderen Gemüse in eine Schüssel füllen, salzen, pfeffern und mit dem Essig beträufeln.

4 Eigelb mit etwas Salz, Pfeffer und Zitronensaft verrühren. Olivenöl in dünnem Strahl dazufließen lassen und dabei mit dem Schneebesen oder dem Handrührer kräftig schlagen, bis eine cremige Mayonnaise entstanden ist. Diese gründlich unter den Salat mischen und etwa 30 Min. im Kühlschrank durchziehen lassen.

Wichtiger Hinweis: Bitte verwenden Sie nur ganz frische Eier von freilaufenden Hühnern, um das Salmonellenrisiko zu verringern.

Knoblauchgarnelen

Aus Kantabrien · Geht schnell

Gambas al ajillo

Zutaten für 4 Portionen:
500 g rohe Garnelen, ungeschält
2 frische oder 2 getrocknete rote Chilischoten
6–8 Knoblauchzehen
200 ml Olivenöl
Salz
schwarzer Pfeffer, frisch gemahlen

Zubereitungszeit: 20 Min.

Pro Portion: 2400 kJ/570 kcal

1 Garnelen aus den Schalen lösen, am Rücken aufschlitzen und den Darm entfernen. Kalt abspülen und trockentupfen.

2 Chilischoten entkernen, waschen, ausspülen und in schmale Ringe schneiden. Vorsicht, sind sehr scharf! Bitte darauf achten, daß Sie nicht mit Ihren Händen an die Augen kommen. (Getrocknete Chilischote zerdrücken.) Knoblauchzehen schälen und längs vierteln.

3 Olivenöl in einer Pfanne oder vier Portionspfännchen stark erhitzen. Chili, Knoblauch und Garnelen hineingeben, leicht salzen und pfeffern und 2–3 Min. bei starker Hitze garen.

4 Die Knoblauchgarnelen sofort im Förmchen servieren. Dazu frisches Weißbrot reichen.

Getränke: Ein trockener Sherry Fino oder Manzanilla passen gut dazu.

Info: Knoblauchgarnelen sind eine der beliebtesten Tapas. Sie werden meistens in dem Pfännchen oder Tonförmchen serviert, in dem sie zubereitet wurden. Ganz wichtig ist erstklassiges Olivenöl.

Tip! Als Ersatz für die frischen, können Sie auch tiefgekühlte oder vorgegarte Garnelen verwenden. Die vorgegarten Garnelen nur ganz kurz erhitzen, sonst werden sie zäh.

Die Knoblauchzwiebel besteht aus etwa 15 Nebenzwiebeln, den Zehen.

Knoblauch

Knoblauch ist eines der gesündesten Gemüse oder Gewürze. Er fördert nachweislich die Gehirndurchblutung, ist sehr vielseitig verwendbar und gibt jeder Speise südländischen Charakter. Spanien ist eines der größten Anbauländer für Knoblauch, und sein Aroma ist typisch für die Landesküche. In Würsten, Aufstrichen, Fisch-, Fleisch- und Geflügelgerichten ist die aromatische Knolle unersetzlich. Es gibt zwei Grundtypen, die sich in der Farbe der Schale voneinander unterscheiden. Ajo blanco, weißer Knoblauch, ist preisgünstig und lange haltbar. Ajo morado, rosa Knoblauch, fast violett bis rötlich, ist ein beliebter Exportartikel. Je frischer, desto bekömmlicher und aromatischer ist Knoblauch. Wenn eine Zehe im Inneren schon einen grünen Trieb hat, sollte man ihn entfernen, da er die Speisen bitter macht.

Hühnerbrüstchen in Sherry

Aus Andalusien · Geht schnell

Pechuga de pollo en salsa de jerez

Zutaten für 4 Portionen:
600 g Hühnerbrustfilets
Salz · Mehl zum Wenden
2 EL Olivenöl
schwarzer Pfeffer, frisch gemahlen
¼ l trockener Sherry Fino
⅛ l Hühnerbrühe
2 Knoblauchzehen
1 Zweig Thymian
1 kleines Glas Oliven, mit Paprika gefüllt

Zubereitungszeit: 40 Min.

Pro Portion: 1100 kJ/260 kcal

1 Hühnerbrustfilets in etwa 3 cm große Stücke schneiden, salzen und in Mehl wenden.

2 Olivenöl in einer großen Pfanne erhitzen. Hühnerbruststücke darin portionsweise bei starker Hitze kurz von allen Seiten anbraten, salzen, pfeffern und herausnehmen.

3 Olivenöl wegkippen, den Bratsatz mit Sherry loskochen und mit Hühnerbrühe aufgießen. Knoblauch schälen und dazupressen. Thymianzweig hinzufügen und die Sauce im offenen Topf um etwa ein Drittel einkochen.

4 Hühnerbruststücke in der Sauce bei schwacher Hitze etwa 10 Min. ziehen lassen. Oliven in Scheiben schneiden und nach 5 Min. dazugeben. Mit Weißbrot servieren.

Getränk: Ein trockener Sherry Fino paßt ausgezeichnet dazu.

Gefüllte Champignons

Aus Extremadura · Gelingt leicht

Champiñones rellenos

Zutaten für 4–6 Portionen:
16–20 möglichst große Champignons
1 kleine Zwiebel
2 EL Olivenöl
300 g Chorizos (rote Paprikawurst)
1 Knoblauchzehe
Salz · 1 Bund glatte Petersilie
schwarzer Pfeffer, frisch gemahlen
1 TL mildes Paprikapulver

Zubereitungszeit: 55 Min.

Bei 6 Portionen pro Portion:
880 kJ/210 kcal

1 Champignons putzen, kurz abwaschen oder trocken abreiben. Die Stiele der Pilze herausdrehen und fein hacken.

2 Zwiebel schälen und sehr fein hacken. 1 EL Olivenöl in einer Pfanne erhitzen und die Zwiebel darin andünsten, dann die gehackten Pilzstiele dazugeben und dünsten, bis fast alle Flüssigkeit verdampft ist. Den Backofen auf 220° (Gas Stufe 4) vorheizen.

3 Chorizos pellen oder aus der Haut direkt in die Pfanne drücken und zerkleinern. Knoblauch schälen und dazupressen. Alles zusammen etwa 8 Min. bei schwacher Hitze braten.

4 Inzwischen Petersilie waschen, trockenschütteln, abzupfen und fein hacken. Die Wurstfüllung mit Salz, Pfeffer und Paprika würzen, etwas abkühlen lassen und die Petersilie untermischen.

5 Die Pilzköpfe mit der Masse füllen. Mit dem restlichen Olivenöl eine Auflaufform einölen und die gefüllten Pilzköpfe nebeneinander hineinsetzen. Auf der mittleren Schiene des vorgeheizten Backofens 10–12 Min. garen.

Tip! Schmeckt mit Weißbrot, Tomatenachteln und anderen Tapas.

Eingelegte Sardellen

Aus der Levante · Braucht etwas Zeit

Boquerones en vinagre

Zutaten für 4 Portionen:
600 g frische Sardellen
1/8 l Sherryessig
10 Knoblauchzehen
1 Bund glatte Petersilie
Salz
schwarzer Pfeffer, frisch gemahlen
1/4 l Olivenöl, kaltgepreßt

Zubereitungszeit: 25 Min.
(+ 2 1/2 Std. Marinieren)

Pro Portion: 4200 kJ/1000 kcal

1 Sardellen am Bauch entlang aufschlitzen, Gräten lockern und samt dem Kopf entfernen. Sardellen gründlich unter fließendem kaltem Wasser abspülen, trockentupfen und flachdrücken.

2 Die Fische in eine flache Auflaufform legen. Sherryessig mit 1/4 l Wasser mischen, über die Sardellen gießen und 1–1 1/2 Std. ziehen lassen, bis das Fleisch der Sardellen hell geworden ist.

3 Inzwischen Knoblauch schälen und fein hacken, nicht durch die Presse drücken. Petersilie waschen, trockenschütteln, abzupfen und nicht ganz fein hacken.

4 Die Marinade wegkippen und die Sardellen nochmals kurz unter kaltem Wasser abspülen, wieder in die Form schichten, dabei mit Salz und Pfeffer würzen und mit dem gehackten Knoblauch und der Petersilie bestreuen. Zum Schluß Olivenöl darüber gießen und etwa 1 weitere Std. ziehen lassen. Dann mit Weißbrot servieren.

Getränke: Zu diesem Gericht paßt trockener Sherry, aber Bier paßt auch sehr gut.

Variante: Fritiert sind Sardellen auch eine typische Tapa. Dafür werden sie mit Salz und Pfeffer gewürzt, in Mehl gewendet, in Olivenöl goldgelb ausgebacken und mit Zitronenachteln serviert.

Tip! Sardellen gibt es auch tiefgekühlt zu kaufen. Alternativ können Sie Kronsardinen aus dem Glas verwenden, das geht schneller, denn sie müssen nicht vorbereitet werden.
Mit Pellkartoffeln sind die eingelegten Sardellen ein köstliches Abendessen für 2 Personen.

EINTÖPFE & SUPPEN

Nirgendwo sonst spielen Suppen und Eintöpfe eine so große Rolle wie in Spanien. Suppe ist so wichtig wie das tägliche Brot, sagt man, und so hat jede Region ihre eigenen Spezialitäten, auf die sie mit Recht sehr stolz ist. Die Zusammensetzung richtet sich nach den Gaben der Erde und des Meeres der jeweiligen Gegend. Im Landesinneren ißt man üppige Cocidos mit Fleisch, Schinken und Würsten. Im ganzen Land gibt es köstliche Eintöpfe aus Bohnen, Linsen und Kichererbsen, die während der Fastenzeit oft ohne Fleisch gegessen werden. Die Küstenregionen bieten wunderbare Muschelsuppen und Meeresfrüchte-Eintöpfe. Die berühmteste Variante ist die katalanische Zarzuela, die nach der spanischen Operette benannt wurde. Im heißen Andalusien erfrischt man sich mit kühler Gazpacho, einer kalten Gemüsesuppe, die es in unzähligen Varianten gibt und von der jede Köchin behauptet, daß ihre die allerbeste sei. Suppen und Eintöpfe sind meist einfach, deftig und preiswert. Ein gutes Beispiel dafür ist die Sopa de ajo. Die Knoblauchsuppe bestand ursprünglich nur aus Wasser, Brot und Knoblauch und galt als Essen armer Leute. Heute ist sie in abgeänderter Form auf Speisekarten feiner Restaurants zu finden. Grundsätzlich werden Suppen als Vorgericht gereicht, während Eintöpfe als richtige Mahlzeit gelten.

Safran-Mandel-Suppe

Aus Andalusien · Festlich

Sopa de almendras con asafran

Zutaten für 4 Portionen:
200 g Mandeln, ungeschält
8 Scheiben Weißbrot vom Vortag
5 EL Olivenöl
5 Knoblauchzehen
1 Bund glatte Petersilie
Salz
schwarzer Pfeffer, frisch gemahlen
1 Prise Kreuzkümmel
1 Döschen Safran (0,2 g)
3/4 l Fleischbrühe

Zubereitungszeit: 50 Min.

Pro Portion: 2200 kJ/520 kcal

1 Mandeln mit kochendem Wasser überbrühen und die Kerne aus den dünnen, braunen Schalen drücken.

2 Weißbrot in kleine Würfel schneiden. Olivenöl in einer Pfanne erhitzen und die Brotwürfel darin kroß rösten, herausnehmen und beiseite stellen.

3 Knoblauch schälen und mit den Mandeln im verbliebenen Olivenöl bei mittlerer Hitze goldgelb anbraten. Petersilie waschen, trockenschütteln, abzupfen und die Hälfte der Blättchen unterrühren und etwa 3 Min. mitdünsten. Restliche Petersilie aufbewahren.

4 Pfanneninhalt im Mixer pürieren, in einen Topf geben, mit Salz, Pfeffer, Kreuzkümmel und Safran würzen. Fleischbrühe dazugießen, langsam aufkochen und zugedeckt bei schwacher Hitze etwa 20 Min. köcheln lassen.

5 Inzwischen die restliche Petersilie fein hacken. Die Hälfte der Brotwürfel in die Suppe geben, abschmecken und nachwürzen, die Brotwürfel saugen viel Würzkraft auf. Zum Schluß die Petersilie einstreuen. Die restlichen Brotwürfel darüber streuen und servieren.

Safran

Das teuerste Gewürz der Welt, in Spanien auch als das »Gold Kastiliens« bezeichnet, stammt von einem prächtig violett blühenden Liliengewächs. Etwa 170 Blüten braucht man für ein einziges Gramm Safran. Für ein Kilo werden im Einzelhandel deshalb etwa 17 000 Mark gezahlt. Die Pflanze wurde von den Mauren nach Spanien gebracht. Auf dem trockenen Boden, vor allem im Gebiet zwischen Toledo und Alicante hat sie ideale Wachstumsbedingungen. Mehr als zwei Drittel der Weltproduktion kommen aus Spanien. Hervorragende Qualitäten werden jedoch auch in Ägypten, im Iran und sogar in Österreich (Wachau) angebaut.

Safran muß in den frühen Vormittagsstunden geerntet werden.

Im Herbst verwandeln die Pflanzen die Landschaft über Nacht in ein violettfarbenes Blütenmeer. Wer die Farbenpracht genießen möchte, muß früh aufstehen, da die Pflanze wegen des Aromas am frühen Vormittag gepflückt werden muß. Von den Blüten wird dann nur der Narbenstengel, der Safranfaden ausgezupft, das erklärt den hohen Preis. Dank seines intensiven Aromas kann Safran sehr sparsam verwendet werden. Das Gewürz wird gemahlen in Döschen oder Briefchen verkauft. Sie können auch Safranfäden in Döschen kaufen.

Knoblauchsuppe

Aus Kastilien · Gelingt leicht

Sopa de ajo

Zutaten für 4 Portionen:
300 g Weißbrot vom Vortag
1 Knoblauchknolle
4 EL Olivenöl
1 TL mildes Paprikapulver
Salz
schwarzer Pfeffer, frisch gemahlen
1 l Fleischbrühe
4 Eier

Zubereitungszeit: 30 Min.
(+ 35 Min. Garen)

Pro Portion: 2000 kJ/480 kcal

1 Weißbrot in kleine Würfel schneiden. Den Knoblauch schälen. Das Olivenöl in einem Topf erhitzen.

2 Die Brotwürfel bei mittlerer Hitze goldbraun rösten. Den Knoblauch darüber pressen. Mit Paprikapulver bestreuen, salzen, pfeffern und mit Fleischbrühe aufgießen. Alles aufkochen und etwa 20 Min. zugedeckt köcheln lassen.

3 Inzwischen den Backofen auf 200° (Gas Stufe 3) vorheizen. Knoblauchsuppe in vier Tonschalen füllen. Jeweils ein Ei in eine Schöpfkelle oder in eine Tasse aufschlagen und langsam in die Suppe gleiten lassen.

4 Die Suppenschalen für etwa 10 Min. in den Backofen (Mitte) stellen, bis die Eier gestockt sind. Sofort servieren.

Varianten: Jede Region hat ihre eigene Version der Knoblauchsuppe. Manchmal kommen zum Beispiel noch Tomaten und Paprikaschoten dazu. Mal wird sie mit Wasser, mal mit Brühe aufgegossen. In Cadiz streut man geriebenen Käse hinein. Dort heißt sie Sopa de gato, Katzensuppe.

Linseneintopf

Aus Tarragona · Gelingt leicht

Cazuela de lentejas

Zutaten für 4 Portionen:
500 g Linsen · 1 Knoblauchknolle
1 große Zwiebel
1 Lorbeerblatt · 2 Nelken
1 reife Fleischtomate
1 grüne Paprikaschote · 3 EL Olivenöl
1 TL mildes Paprikapulver
1 Msp. scharfes Paprikapulver
1 Prise Keuzkümmel
500 g Chorizos (rote Paprikawurst)
2 Kartoffeln, mehlig kochend
(etwa 450 g)
1 Prise Salz
schwarzer Pfeffer, frisch gemahlen

Zubereitungszeit: 25 Min.
(+ 12 Std. Einweichen + 1 Std. Garen)

Bei 6 Portionen pro Portion:
3700 kJ/880 kcal

1 Linsen über Nacht in reichlich Wasser einweichen.

2 Am nächsten Tag Backofen auf 180° (Gas Stufe 2) vorheizen. Knoblauchknolle darin auf dem Rost etwa 15 Min. rösten, herausnehmen und abkühlen lassen.

3 Zwiebel schälen und mit Lorbeerblatt und Nelken spicken. Tomate überbrühen, häuten, quer halbieren, entkernen und dabei den Stielansatz entfernen. Fruchtfleisch grob hacken. Paprikaschote putzen, waschen und in Streifen schneiden.

4 Öl in einem großen Topf erhitzen. Tomate und Paprika kurz darin andünsten, beide Paprikapulver sowie Kreuzkümmel unterrühren. Linsen und gespickte Zwiebel hinzufügen und mit $^3/_4$ l Wasser aufgießen. Gerösteten Knoblauch schälen, zerdrücken und untermischen. Alles aufkochen und zugedeckt bei schwacher Hitze etwa 45 Min. köcheln lassen.

5 Inzwischen Kartoffeln schälen, waschen, klein würfeln und etwa 15 Min. vor Garzeitende unter die Linsen mischen. Die Chorizos etwa 5 Min. vor Garzeitende dazugeben. Eintopf mit Salz und Pfeffer würzen. Gespickte Zwiebel entfernen. Mit weißem Landbrot servieren.

Getränk: Dazu paßt ein kräftiger Rotwein, z.B. aus Navarra, besonders gut.

Eintopf mit Stockfisch

Aus dem Baskenland

Purrusalda

Zutaten für 4 Portionen:
500 g getrockneter Stockfisch
750 g Lauch
2 Knoblauchzehen
500 g Kartoffeln, mehlig kochend
5 EL Olivenöl
1 Lorbeerblatt
Salz
schwarzer Pfeffer, frisch gemahlen
½–1 TL mildes Paprikapulver

Zubereitungszeit: 35 Min.
(+ 24 Std. Wässern + 40 Min. Garen)

Pro Portion: 2800 kJ/670 kcal

1 Stockfisch mindestens 24 Std. in kaltes Wasser legen und das Wasser möglichst oft wechseln.

2 Am nächsten Tag Stockfisch aus dem Wasser nehmen und beiseite stellen. Lauch putzen, waschen und in schmale Ringe schneiden. Knoblauch schälen und längs halbieren. Kartoffeln schälen, waschen und in ½ cm dicke Scheiben schneiden.

3 Olivenöl in einem Topf erhitzen, den Knoblauch darin unter Rühren bei mittlerer Hitze dunkelbraun braten, herausnehmen und beiseite legen. Lauchringe im verbliebenen Bratfett kurz andünsten und die Kartoffelscheiben untermischen. Lorbeerblatt dazugeben, wenig salzen, kräftig pfeffern und mit ¾ l Wasser aufgießen. Aufkochen und dann zugedeckt bei schwacher Hitze etwa 30 Min. köcheln lassen.

4 Den gebratenen Knoblauch im Mörser oder mit einer Gabel zerdrükken, mit Paprikapulver mischen und unter das Gemüse rühren.

5 Den Fisch in mundgerechte Stücke schneiden, in den Topf geben und in etwa 5 Min. gar ziehen lassen. Mit weißem Landbrot servieren.

Info: Stockfisch ist luftgetrockneter Kabeljau, den es in Deutschland hauptsächlich in ausländischen Spezialitätengeschäften zu kaufen gibt.

Fischsuppe

Von den Kanaren · Gelingt leicht

Caldo de pescado

Zutaten für 4 Portionen:
2 große Zwiebeln
3 EL Olivenöl
250 g reife Fleischtomaten
3 TL mildes Paprikapulver
3 große Knoblauchzehen
Salz
1 TL schwarzer Pfeffer, frisch gestoßen
1 TL Kreuzkümmel
800 g rote Paprikaschoten
600 g Fischfilet (z.B. Kabeljau, Seelachs, Seehecht)
2 EL Zitronensaft

Zubereitungszeit: 15 Min. (+ 35 Min. Garen)

Pro Portion: 1000 kJ/240 kcal

1 Zwiebeln schälen und fein hacken. Olivenöl in einem großen Topf erhitzen und Zwiebeln darin bei schwacher Hitze glasig dünsten.

2 Tomaten überbrühen, häuten, quer halbieren, entkernen und dabei den Stielansatz entfernen. Das Fruchtfleisch grob zerschneiden. Zusammen mit dem Paprikapulver in den Topf geben und gut umrühren. Bei schwacher Hitze etwa 5 Min. dünsten.

3 Knoblauch schälen und direkt in den Topf drücken. Alles mit Salz, ½ TL Pfeffer und Kreuzkümmel würzen.

4 Paprikaschoten putzen, waschen, vierteln, erst in schmale Streifen, dann in kleine Würfel schneiden und bis auf ein Drittel unter die Tomaten mischen. Mit ¾ l Wasser aufgießen und etwa 20 Min. köcheln lassen. Die Suppe mit dem Pürierstab oder im Mixer pürieren.

5 Fisch kalt abspülen, trockentupfen und in mundgerechte Stücke schneiden. Mit Zitronensaft beträufeln, salzen, mit dem restlichen Pfeffer würzen und in die Suppe legen. Die restlichen Paprikawürfel einstreuen und alles bei schwacher Hitze zugedeckt etwa 5 Min. ziehen lassen. Mit Weißbrot servieren.

Kuttelsuppe

Aus Galizien · Braucht etwas Zeit

Callos a la gallega

Zutaten für 6–8 Portionen:
300 g Kichererbsen
750 g vorgegarte Kutteln
2 EL Essig · 2 Zwiebeln
6 Knoblauchzehen
750 g reife Fleischtomaten
150 g Serrano-Schinken
4 EL Olivenöl
2 TL frischer oder 1 TL getrockeneter Thymian
Salz
schwarzer Pfeffer, frisch gemahlen
1 kleine getrocknete Chilischote
1 Lorbeerblatt · 3/4 l Fleischbrühe
300 g Chorizos (rote Paprikawurst)
1 Bund glatte Petersilie

Zubereitungszeit: 30 Min.
(+ 12 Std. Einweichen
+ 2 Std. Garen)

Bei 8 Portionen pro Portion:
1800 kJ/430 kcal

1 Kichererbsen über Nacht in kaltem Wasser einweichen.

2 Am nächsten Tag Kutteln 30 Min. in kaltem Essigwasser einweichen.

3 Inzwischen Zwiebeln und Knoblauch schälen und fein hacken. Fleischtomaten überbrühen, häuten und grob schneiden, dabei den Stengelansatz entfernen.

4 Schinken in kleine Würfel schneiden. Olivenöl in einem großen Topf erhitzen, Zwiebeln und Knoblauch und Schinkenwürfel darin andünsten. Inzwischen die Kutteln abgießen, in schmale Streifen schneiden und dazugeben.

5 Tomaten untermischen, alles mit Thymian, Salz, Pfeffer würzen, die Chilischote etwas andrücken und mit dem Lorbeerblatt dazugeben. Kichererbsen abgießen und untermischen, mit Fleischbrühe aufgießen, aufkochen und etwa 2 Std. bei schwacher Hitze zugedeckt köcheln lassen.

6 Chorizos in Scheiben schneiden und etwa 15 Min. vor Ende der Garzeit untermischen. Petersilie waschen, trockenschütteln, abzupfen und fein hacken. Den Eintopf nochmals abschmecken, Petersilie darüber streuen und das Gericht mit weißem Landbrot servieren.

Jede Region Spaniens kennt eine andere Variante der Chorizo.

Chorizo

Chorizo, die rote Paprikawurst, ist aus der spanischen Küche nicht wegzudenken. Sie besteht grundsätzlich aus eingesalzenem Schweinefleisch, Schweinefilet, Knoblauch und Paprikapulver. Es gibt eine Variante, die kein Paprika, aber um so mehr Knoblauch enthält, sie heißt Chorizo blanco. Chorizo gibt es frisch, leicht geräuchert oder getrocknet. Jede Region hat ihre eigene Variante. In León und Galizien wird sie leicht geräuchert gegessen. In Salamanca, von Kennern die Hauptstadt der Chorizo genannt, fügt man der Wurstmasse etwas Sherry zu. In Pamplona enthält sie Rindfleisch und ganz besonders viel Paprika, dafür aber weniger Knoblauch und eine Prise Zucker. Chorizo wird aufgeschnitten als Tapa ebenso gerne gegessen wie gegrillt oder in Eintöpfen. Bei uns gibt es sie in spanischen Spezialitätengeschäften.

Kalte Trauben-Mandel-Suppe

Ajo blanco

Aus Malaga · Erfrischend

Zutaten für 4 Portionen:
3 Scheiben Weißbrot (etwa 80 g)
120 g Mandeln, ungeschält
3 Knoblauchzehen · 4 EL Olivenöl
1 EL Weißweinessig · Salz
weißer Pfeffer, frisch gemahlen
150 g weiße Muskateller-Trauben

Zubereitungszeit: 20 Min.
(+ 1 Std. Kühlen)

Pro Portion: 1500 kJ/360 kcal

1 Weißbrot entrinden und in kaltem Wasser etwa 10 Min. einweichen.

2 Inzwischen Mandeln mit kochendem Wasser überbrühen, Kerne aus den Schalen drücken und trockentupfen. Knoblauch schälen. Das Weißbrot gut ausdrücken und mit Knoblauch und Mandeln im Mixer pürieren.

3 Die Paste in einer großen Schüssel mit Olivenöl und $^3/_4$ l Wasser mischen. Mit Weißweinessig, Salz und Pfeffer kräftig würzen. Die Suppe im Kühlschrank zugedeckt mindestens 1 Std. ziehen lassen.

4 Trauben häuten, halbieren und entkernen. Die Suppe vor dem Servieren durchrühren, abschmecken und eventuell nachwürzen. In Teller füllen und die Trauben darin verteilen.

Gazpacho

Kalte Gemüsesuppe

Aus Andalusien · Erfrischend

Zutaten für 4 Portionen:
200 g Weißbrot
100 ml Olivenöl
4 Knoblauchzehen
1 Prise Kreuzkümmel
750 g reife Fleischtomaten
1 Gurke
1 grüne Paprikaschote
Salz
2 EL Rotweinessig

Zubereitungszeit: 40 Min.
(+ 1–1½ Std. Kühlen)

Pro Portion: 1800 kJ/430 kcal

1 Von dem Weißbrot 50 g beiseite legen, den Rest zerpflücken, in eine Schüssel füllen und mit Olivenöl beträufeln. Knoblauch schälen und darüber pressen. Mit Kreuzkümmel bestreuen, durchmischen und etwa 30 Min. ziehen lassen.

2 Inzwischen Fleischtomaten überbrühen, häuten, quer halbieren, entkernen und den Stielansatz entfernen. ½ Tomate in kleine Würfel schneiden und kalt stellen. Den Rest grob zerschneiden und in den Mixer geben oder mit dem Pürierstab pürieren.

3 Gurke schälen, ein Drittel davon klein würfeln, den Rest in grobe Stücke schneiden und zu den Tomaten in den Mixer geben.

4 Paprikaschote putzen, waschen und ebenfalls ein Drittel davon in kleine Würfel schneiden. Den Rest grob zerschneiden und mit dem eingeweichten Brot und den anderen Zutaten im Mixer oder mit dem Pürierstab fein pürieren.

5 Das Püree durch ein feines Sieb streichen. Gazpacho nach Belieben mit ¼ l Wasser aufgießen und mit Salz und Essig abschmecken. Mindestens 1 Std. kalt stellen. Vor dem Servieren nochmals abschmecken und falls nötig nachwürzen.

6 Das restliche Weißbrot ebenfalls in kleine Würfel schneiden und in eine Schüssel füllen. Die Gazpacho mit dem gewürfelten Gemüse und dem Brot servieren. Diese Zutaten streut sich dann jeder nach Belieben selbst auf seine Gazpacho.

Tip! An sehr heißen Sommertagen kann man noch Eiswürfel in die Gazpacho geben.

Kichererbseneintopf

Aus Katalonien · Vegetarisch

Potaje de garbanzos con espinacas

Zutaten für 4 Portionen:
500 g Kichererbsen
2 Zwiebeln · 1 Möhre
2 EL Olivenöl
1 Lorbeerblatt
Salz · 1 l Fleischbrühe
4 Knoblauchzehen
2 Fleischtomaten (etwa 500 g)
300 g Blattspinat
schwarzer Pfeffer, frisch gemahlen
3 Eier

Zubereitungszeit: 30 Min.
(+ 12 Std. Einweichen
+ 1¼ Std. Garen)

Pro Portion: 2600 kJ/620 kcal

1 Kichererbsen über Nacht in reichlich kaltem Wasser einweichen.

2 Am nächsten Tag Zwiebeln schälen und fein hacken. Möhre schälen und in Scheiben schneiden.

3 Olivenöl in einem großen Topf erhitzen, Zwiebeln und Möhre darin andünsten. Kichererbsen abgießen und mit dem Lorbeerblatt dazugeben. Salzen, mit Fleischbrühe aufgießen, langsam aufkochen lassen. Knoblauch schälen, halbieren, untermischen und alles etwa 50 Min. zugedeckt bei mittlerer Hitze köcheln lassen. Das Lorbeerblatt herausnehmen.

4 Inzwischen Fleischtomaten überbrühen, häuten, quer halbieren, entkernen und den Stielansatz entfernen. Das Fruchtfleisch grob hacken. Spinat waschen und ebenfalls grob hacken. Beides unter die Kichererbsen mischen, mit Salz und Pfeffer kräftig würzen und weitere 20 Min. garen.

5 Inzwischen Eier in etwa 10 Min. hart kochen, abschrecken, pellen und fein hacken. Eintopf abschmecken und falls nötig nachwürzen, da die Kichererbsen sehr viel Würzkraft aufnehmen. Den Eintopf in Teller verteilen, mit den gehackten Eiern bestreuen und mit weißem Landbrot servieren.

Asturianischer Bohnentopf

Braucht etwas Zeit · Deftig

Fabada asturiana

Zutaten für 4 Portionen:
500 g große weiße Bohnen
2 Zwiebeln · 4 Knoblauchzehen
2 EL Olivenöl · 3 EL Tomatenmark
1 EL mildes Paprikapulver
150 g Speck, durchwachsen, ohne Schwarte
150 g Serrano-Schinken
1 Lorbeerblatt · 1 Prise Salz
schwarzer Pfeffer, frisch gemahlen
2 Döschen Safran, gemahlen (je 0,2 g)
2 Chorizos (300 g rote Paprikawurst)
2 Morcillas (300 g spanische Blutwurst)

Zubereitungszeit: 30 Min.
(+ 12 Std. Einweichen + 2 Std. Garen)

Pro Portion: 5100 kJ/1200 kcal

1 Die Bohnen über Nacht in reichlich Wasser einweichen.

2 Am nächsten Tag Zwiebeln und Knoblauch schälen und fein hacken. Olivenöl in einem Topf erhitzen, Zwiebeln und Knoblauch darin andünsten. Tomatenmark und Paprikapulver unterrühren.

3 Bohnen abgießen und dazugeben. Speck und Serrano-Schinken kleinschneiden, Lorbeerblatt dazugeben, salzen, pfeffern, mit $1\frac{1}{2}$ l Wasser auffüllen und zugedeckt bei schwacher Hitze etwa $1\frac{1}{2}$ Std. köcheln lassen. Während des Kochens den Schaum immer wieder abschöpfen.

4 Mit Pfeffer und Safran würzen, Chorizos und Morcillas einlegen. Den Eintopf weitere 30 Min. köcheln lassen, nochmals abschmecken und falls nötig nachwürzen. Lorbeerblatt herausnehmen. Mit weißem Landbrot servieren.

Getränk: Ein leichter asturianischer Rotwein aus Valdeorras paßt besonders gut dazu.

Info: Fabada asturiana ist Spaniens berühmtester Bohneneintopf.

Tip! Bitte vorsichtig salzen, da der Schinken und die Würste schon sehr viel Salz abgeben. Typisch ist es auch, Schweineöhrchen, -füßchen und -schwänzchen mitzugaren. Dieser Eintopf ist genau richtig für kalte Herbst- und Winterabende. Schmeckt auch aufgewärmt sehr gut.

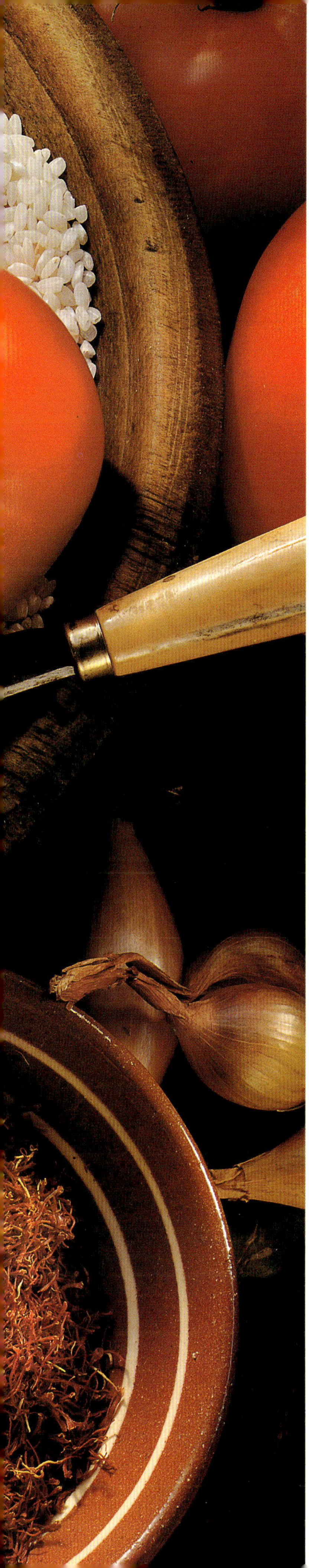

GEMÜSE, REIS & EIERSPEISEN

Paella, das berühmteste Gericht Spaniens, kommt ursprünglich aus der Levante, insbesondere aus der Gegend um Valencia. Dort wächst auf riesigen, tiefgrünen Feldern der spezielle Rundkornreis, der, neben Olivenöl und Safran, eine der Grundzutaten dafür ist. Bei uns ist dieser Reis nur in spanischen Läden zu finden, er läßt sich aber durch italienischen Arborio ersetzen. Neben der Paella gibt es noch zahllose Reisgerichte, die je nach Region variieren: Mal mit Meeresfrüchten, Fleisch, Gemüse, Geflügel oder einer Mischung von allem, wie bei der Paella.
Eine weitere Spezialität ist die Tortilla de patatas, sie ist den Eroberern Südamerikas zu verdanken, die die Kartoffel von dort mitbrachten. Tortilla, heißt eigentlich Eieromelette und wird auf unterschiedlichste Art zubereitet: mit Garnelen, Gemüse, Schinken oder Chorizo, der Paprikawurst. Sie spielt auch in den Huevos a la flamenca, einer bekannten Eierspeise, neben verschiedenen Gemüsen eine zentrale Rolle.
Wer spanische Gemüsemärkte kennt, weiß, welch ein Genuß es ist, dort einzukaufen. Wunderschön und appetitlich sind die Produkte sämtlicher Provinzen arrangiert und laden zum Kaufen und Kochen ein. Wirklich gute Gemüsegerichte werden zu Hause zubereitet, in Restaurants bekommt man sie eher selten.

Paella

Aus Valencia · Für Gäste

Reispfanne

Zutaten für 6 Portionen:
2 rote Paprikaschoten (etwa 300 g)
600 g Fleischtomaten
1 große Zwiebel · 5 Knoblauchzehen
300 g frische oder aufgetaute Erbsen
1 Hähnchen, küchenfertig vorbereitet (etwa 1,2 kg)
250 g Schweinelende
400 g Venusmuscheln
6 große rohe Garnelen, ungeschält
8 EL Olivenöl · Salz
schwarzer Pfeffer, frisch gemahlen
1 Döschen Safran (0,2 g)
1 TL mildes Paprikapulver
1 Lorbeerblatt · 1¼ l Fleischbrühe
500 g spanischer Rundkornreis (ersatzweise italienischer Arborio oder Vialone)
1 Zitrone

Zubereitungszeit: 45 Min. (+ 1½ Std. Garen)

Pro Portion: 3800 kJ/900 kcal

1 Den Backofen auf 250° (Gas Stufe 3) vorheizen. Paprikaschoten etwa 20 Min. auf den Rost legen, bis die Haut braun wird und Blasen wirft. Dann herausnehmen, häuten, vom Kernhaus befreien und in schmale Streifen schneiden. Den Backofen auf 180° (Gas Stufe 2) zurückschalten.

2 Tomaten überbrühen, häuten, quer halbieren, entkernen, Stielansatz entfernen und grob hacken. Zwiebel und Knoblauch schälen und fein hacken. Frische Erbsen palen.

3 Hähnchen in 12 Stücke teilen. Schweinelende in Würfel schneiden. Muscheln gründlich unter fließendem Wasser abbürsten. Scampis abspülen.

4 Olivenöl in einer Paellapfanne erhitzen und die Geflügelstücke darin bei starker Hitze von allen Seiten anbraten, mit Salz und Pfeffer würzen und herausnehmen. Danach mit den Fleischwürfeln ebenso verfahren. Dann die Muscheln anbraten, bis sie sich geöffnet haben. Alle, die nach dem Anbraten nicht geöffnet sind, wegwerfen, sie sind nicht genießbar. Scampis ebenfalls anbraten, bis sie eine schöne rote Farbe bekommen haben. Fleisch, Geflügel und Meeresfrüchte warm stellen.

5 Im verbliebenen Bratfett Zwiebel und Knoblauch glasig dünsten. Tomaten und Erbsen dazugeben und etwa 5 Min. dünsten. Safran und Paprikapulver unterrühren, mit Salz und Pfeffer kräftig würzen, Lorbeerblatt dazugeben. Dann in einem Topf die Brühe aufkochen.

6 Reis zu den anderen Zutaten in die Pfanne geben, mit der kochenden Brühe aufgießen und etwa 25 Min. köcheln lassen, bis der Reis fast alle Flüssigkeit aufgesogen hat. Paprikastreifen untermischen, abschmecken und falls nötig nachwürzen.

7 Hähnchenstücke, Fleischwürfel, Muscheln und Scampis dekorativ auf dem Reis verteilen. Die Paellapfanne mit Alufolie abdecken und im vorgeheizten Backofen (Mitte) weitere 15 Min. ziehen lassen. Paella in der Pfanne auf den Tisch bringen.

Getränk: Ein weißer Rioja schmeckt gut dazu oder ein Weißwein aus Val de peñas.

Info: Das Wesentliche bei der Paella ist die Reissorte. Der Reis muß ganz körnig sein. Darum läßt man ihn nur so kurz wie möglich mitgaren. Die Kunst des Paella-Kochens besteht also im exakten Zufügen der Zutaten zum richtigen Zeitpunkt, so daß sich die Aromen zwar gut vermischen, das Fleisch und der Fisch aber saftig bleiben, das Gemüse schön knackig und der Reis noch ganz körnig ist.

Tip! Wer keine Paellapfanne hat, kann auch eine große Reine verwenden. In Spanien bereitet man die Paella zu Festen auf offenem Feuer, weil die Flammen am Rand der Pfanne entlangzüngeln und so den Inhalt ganz gleichmäßig erwärmen können. Deshalb bereiten Sie zu Hause die Paella am besten in der Rundum-Wärme des Backofens, nicht direkt auf dem Herd. Sie sollten unbedingt Fingerschalen mit warmem Wasser und Zitronenschnitze sowie Teller für Muschelschalen und Knochen bereitstellen.

Reis mit weißen Bohnen

Aus Katalonien · Braucht etwas Zeit

Arroz emperado

Zutaten für 4 Portionen:
150 g weiße Bohnen
1 Knoblauchknolle
¾ l Fleischbrühe
1 Döschen Safran, gemahlen (0,2 g)
1 Lorbeerblatt
300 g spanischer Rundkornreis (ersatzweise italienischer Arborio oder Vialone)
1 große Fleischtomate · 2 EL Olivenöl
1 TL mildes Paprikapulver · Salz
schwarzer Pfeffer, frisch gemahlen

Zubereitungszeit: 45 Min. (+ 12 Std. Einweichen + 1½ Std. Garen)

Pro Portion: 1800 kJ/430 kcal

1 Bohnen über Nacht in kaltem Wasser einweichen. Am nächsten Tag abgießen und mit 1 l frischem Wasser zugedeckt in etwa 1 Std. weich kochen.

2 Inzwischen von der Knoblauchknolle 4 Zehen beiseite legen, die restlichen ungeschält in einen Topf geben. Mit Fleischbrühe aufgießen und aufkochen. Safran und Lorbeerblatt dazugeben, Reis einstreuen und bei schwacher Hitze zugedeckt in etwa 20 Min. ausquellen lassen.

3 Inzwischen Tomate überbrühen, häuten, quer halbieren, entkernen und dabei den Stielansatz entfernen. Das Fruchtfleisch kleinhacken.

4 Olivenöl in einem großen Topf erhitzen. Den restlichen Knoblauch schälen und hineinpressen. Paprikapulver untermischen, die Tomate dazugeben und etwa 5 Min. köcheln lassen.

5 Knoblauchknolle und Lorbeerblatt aus dem Reis nehmen. Bohnen abgießen. Bohnen und Reis in den großen Topf geben, mit Salz und Pfeffer kräftig würzen und gut mischen.

Tip! Schmeckt als vegetarisches Hauptgericht und als Beilage zu Fleisch und Geflügel. Mit geriebenem Manchego bestreut und überbacken ist es ein hervorragender Auflauf.

Gebratene Artischocken

Aus Navarra · Gelingt leicht

Alcachofas fritas

Zutaten für 4–6 Portionen:
Saft von 1 Zitrone
12 junge, kleine Artischocken
4–6 Knoblauchzehen
6 EL Olivenöl
Salz
schwarzer Pfeffer, frisch gemahlen
2 Zitronen

Zubereitungszeit: 30 Min.

Bei 6 Portionen pro Portion: 510 kJ/180 kcal

1 Eine große Schüssel mit Wasser und dem Saft der Zitrone bereitstellen.

2 Den Stiel der Artischocken mit einem scharfen Messer knapp abschneiden. Die äußeren, harten Blätter entfernen, bis der Artischockenboden fast freiliegt. Die Spitzen der übrigen Blätter großzügig abschneiden.

3 Artischocken vierteln und sofort in das Zitronenwasser legen, weil sie sich sonst dunkel verfärben.

4 Knoblauch schälen und in dünne Scheiben schneiden. Olivenöl in einer breiten Pfanne erhitzen. Artischocken aus dem Wasser nehmen, trockentupfen und in dem heißen Olivenöl bei mittlerer Hitze von allen Seiten in etwa 10 Min. goldgelb braten. Knoblauch nach etwa 5 Min. dazugeben, alles salzen und pfeffern.

5 Die Artischocken mit Zitronenachteln anrichten.

Info: Artischocken schmecken nicht nur köstlich, sondern sind auch äußerst gesund. Sie sind reich an Vitaminen und Mineralstoffen. Sie haben viel Eiweiß, wenig Fett und sind kalorienarm.

Spinat Sacromonte

Aus Granada · Gelingt leicht

Espinacas al estilo Sacromonte

Zutaten für 4 Portionen:
1 kg Blattspinat
100 g Mandeln, ungeschält
2 Scheiben Weißbrot vom Vortag
2 Knoblauchzehen
5 EL Olivenöl
50 g Rosinen
Salz
schwarzer Pfeffer, frisch gemahlen
1 Prise Safranfäden

Zubereitungszeit: 40 Min.

Pro Portion: 1500 kJ/360 kcal

1 Blattspinat verlesen, waschen und in einem Sieb abtropfen lassen.

2 Mandeln überbrühen und aus den braunen Schalen drücken. Weißbrot in kleine Würfel schneiden. Knoblauch schälen.

3 In einer Pfanne 1 EL Olivenöl erhitzen, die Mandeln darin goldbraun rösten und herausnehmen. Noch 2 EL Öl dazugießen, die Brotwürfel darin kroß rösten und dabei den Knoblauch darüber pressen. Zusammen mit den Mandeln im Mörser oder im Mixer zu einer Paste verarbeiten.

4 Das restliche Olivenöl in einem großen Topf erhitzen. Spinat mit den Rosinen darin etwa 5 Min. dünsten, bis er zusammengefallen ist. Die Paste unterrühren und mit Salz, Pfeffer und Safran abschmecken.

Variante: Den Spinat mit gehackter Zwiebel, viel Knoblauch und gewürfeltem Serrano-Schinken dünsten. Mit Salz, Pfeffer und Muskatnuß würzen. Schmeckt auch kalt sehr gut.

Tip! Schmeckt zu Fleisch, Fisch und Geflügel. Mit Reis ist es auch ein vegetarisches Hauptgericht.

Gemüseragout

Aus der Mancha · Gelingt leicht

Pisto manchego

Zutaten für 4 Portionen:
750 g reife Fleischtomaten
1 große Zwiebel
3 EL Schweineschmalz oder Olivenöl
3 Knoblauchzehen
2 grüne Paprikaschoten (etwa 300 g)
500 g Zucchini
Salz
schwarzer Pfeffer, frisch gemahlen
1 Bund glatte Petersilie

Zubereitungszeit: etwa 20 Min. (+ 25 Min. Garen)

Pro Portion: 650 kJ/150 kcal

1 Fleischtomaten überbrühen, häuten, entkernen und grob zerschneiden.

2 Zwiebel schälen und fein hacken. Schmalz oder Öl in einem Topf erhitzen und die Zwiebel darin andünsten. Den Knoblauch schälen und dazupressen.

3 Paprikaschoten putzen, waschen, vierteln und in etwa 2 cm breite Stücke schneiden.

4 Zucchini waschen und den Stengelansatz abschneiden. Je nach Größe der Zucchini erst längs vierteln oder halbieren und wiederum in etwa 2 cm breite Stücke schneiden. Mit den Paprikaschoten in den Topf geben und kurz schmoren.

5 Tomaten untermischen, mit Salz und Pfeffer würzen und im offenen Topf etwa 25 Min. bei schwacher Hitze schmoren.

6 Petersilie waschen, trockenschütteln, Blättchen abzupfen, fein hacken und kurz vor Garzeitende untermischen. Die Flüssigkeit sollte fast ganz verdampft sein. Falls das Gemüseragout noch zu flüssig ist, bitte zum Schluß nochmals kurz die Temperatur erhöhen.

Tip! Das Gericht kann heiß oder kalt als Beilage zu Fisch, Fleisch oder Geflügel, aber auch als vegetarisches Hauptgericht serviert werden. In kleinen Portionen ist das Ragout ein ideales Tapa.

Gemüseplatte

Aus Katalonien · Braucht etwas Zeit

Escalivada

Zutaten für 4 Portionen:
6 EL Olivenöl
2 Kartoffeln, mehlig kochend (etwa 500 g)
2 mittelgroße Zwiebeln
2 rote Paprikaschoten (etwa 300 g)
2 kleine Auberginen (etwa 600 g)
2 mittelgroße Fleischtomaten (etwa 500 g)
Saft von ½ Zitrone
Salz
schwarzer Pfeffer, frisch gemahlen

Zubereitungszeit: 25 Min. (+ 50 Min. Garen)

Pro Portion: 1300 kJ/310 kcal

1 Backofen auf 180° (Gas Stufe 2) vorheizen. Ein Backblech mit 2 EL Olivenöl einpinseln.

2 Kartoffeln waschen, längs halbieren und mit der Schnittfläche nach unten auf das Blech legen.

3 Zwiebeln schälen, quer halbieren und mit der Schnittfläche nach unten nach etwa 15 Min. dazulegen.

4 Inzwischen Paprika putzen, waschen und in breite Streifen schneiden. Auberginen waschen, vom Stengelansatz befreien und erst in Längsscheiben, dann in Streifen schneiden. Mit den Paprikastreifen nach etwa 20 Min. in den Backofen legen und mit Olivenöl beträufeln.

5 Inzwischen Tomaten waschen, quer halbieren und nach etwa 40 Min. mit der Schnittfläche nach unten auf das Blech legen. Auberginen und Paprika dabei wenden. Alles zusammen etwa 20 Min. weitergaren lassen.

6 Das restliche Olivenöl mit dem Zitronensaft mischen. Das Gemüse auf einer Platte anrichten, mit der Ölmischung beträufeln, salzen und pfeffern. Warm oder kalt servieren.

Getränk: Ein trockener Weißwein aus Katalonien paßt besonders gut dazu.

Tip! Die Gemüseplatte paßt sehr gut zu Fleisch, Fisch und Gemüse, ist aber auch ein ausgezeichnetes vegetarisches Hauptgericht.

Oliven & Olivenöl

Die Oliven werden oft noch von Hand geerntet.

Der Olivenbaum ist eine der ältesten Kulturpflanzen des Mittelmeerraumes. Etwa 90% der Oliven werden zu Öl verarbeitet, der Rest als Tafeloliven verwendet. Spanien ist das wichtigste Erzeugerland für Tafeloliven, die mit Stein oder ohne, gefüllt mit Paprika, Sardellen, Mandeln, Zwiebeln oder Kapern angeboten werden. Spanien exportiert sie in alle Welt. Am bekanntesten sind die Sorten »Gordal« und »Manzanilla«.

Die Oliven werden oft mühsam mit der Hand geerntet. Dann werden sie verlesen, gewaschen und schnellstmöglich verarbeitet. Für Olivenöl werden vier bis fünf Kilo reife Früchte pro Liter benötigt. In den Ölmühlen werden sie zunächst zerkleinert, dann gepreßt. Danach wird in Zentrifugen das Öl vom Fruchtwasser getrennt. Die kaltgepreßten Öle sind besonders hochwertig. Es gibt sie in zwei Qualitätsstufen: Aceite de oliva virgen extra (Natives Olivenöl extra), es enthält nur 1% freie Fettsäuren, und Aceite de oliva virgen fino (Natives Olivenöl, bis 2% freie Fettsäuren). Sie sind besonders aromatisch und für kalte Gerichte empfehlenswert. Öl mit höheren Fettsäureanteil oder anderen Mängeln wird raffiniert. Mit nativem Olivenöl vermischt, kommt es als Aceite de oliva puro (Olivenöl) in den Handel.

Auberginen Alpujarra

Braucht etwas Zeit

Berenjenas al estilo Alpujarra

Zutaten für 4 Portionen:
4 mittelgroße Auberginen (etwa 1½ kg)
Saft von ½ Zitrone
2 Zwiebeln
2 EL Olivenöl
½ Bund frische Minze
3 Eier
2 EL Semmelbrösel
4 EL Manchego-Käse (Schafkäse), frisch gerieben
Salz
schwarzer Pfeffer, frisch gemahlen
1 Prise Zimt
Olivenöl für die Auflaufform

Zubereitungszeit: 40 Min. (+ 20 Min. Überbacken)

Pro Portion: 1100 kJ/240 kcal

1 Backofen auf 180° (Gas Stufe 2) vorheizen. Auberginen waschen. Reichlich Wasser mit Zitronensaft aufkochen, die Auberginen längs halbieren und in dem Wasser etwa 5 Min. köcheln lassen.

2 Dann das Fruchtfleisch der Auberginen mit einem scharfen Messer bis auf einen Rand von etwa 2 cm herausschneiden und klein würfeln. Die Auberginenhälften unten etwas flachschneiden, damit sie stehen.

3 Zwiebeln schälen und fein hacken. Olivenöl in einer Pfanne erhitzen. Zwiebelwürfel darin glasig dünsten, Auberginenwürfel dazugeben und etwa 10 Min. mitgaren. In eine Schüssel füllen und abkühlen lassen.

4 Minze waschen, trockenschütteln, Blättchen abzupfen, fein hacken und dazugeben. Eier mit Semmelbröseln und 3 EL des geriebenen Käses gründlich unter die Auberginenwürfel rühren. Die Mischung mit Salz, Pfeffer und Zimt kräftig würzen.

5 Die Auberginenhälften damit füllen und mit dem restlichen Käse bestreuen. Eine Auflaufform einölen, Auberginenhälften hineinsetzen und im vorgeheizten Backofen (Mitte) 15–20 Min. überbacken. Mit Salat servieren.

Getränk: Dazu paßt ein leichter Rosé aus Navarra besonders gut.

Variante: Anstatt des Fruchtfleisches der Auberginen kann für die Füllung auch etwa 600 g Hackfleisch verwendet werden. Das Fruchtfleisch wird dann mit 2 Fleischtomaten geschmort, püriert und als Sauce verwendet.

Überbackene Zucchini

Aus Murcia · Vegetarisch

Calabacines al horno

Zutaten für 4 Portionen:
1 große Zwiebel
3 Knoblauchzehen
5 EL Olivenöl
600 g Fleischtomaten
Salz
schwarzer Pfeffer, frisch gemahlen
1 TL mildes Paprikapulver
1 Zweig Thymian
1 kg Zucchini
Mehl zum Wenden
Öl für die Form
100 g Manchego-Käse (Schafkäse), frisch gerieben

Zubereitungszeit: 45 Min. (+ 15 Min. Überbacken)

Pro Portion: 1100 kJ/260 kcal

1 Zwiebel und Knoblauch schälen und fein hacken. In einer Pfanne 2 EL Olivenöl erhitzen, Zwiebel und Knoblauch darin andünsten.

2 Inzwischen Fleischtomaten überbrühen, häuten, quer halbieren, entkernen und den Stielansatz entfernen. Das Fruchtfleisch hacken und dazugeben. Mit Salz, Pfeffer, Paprika und $^3/_4$ der Thymianblättchen würzen und etwa 5 Min. im offenen Topf bei schwacher Hitze schmoren.

3 Den Backofen auf 200° (Gas Stufe 3) vorheizen. Dann die Zucchini putzen, waschen und in $^1/_2$ cm dicke Scheiben schneiden. Mit Salz und Pfeffer würzen und in Mehl wenden. In einer Pfanne 3 EL Olivenöl erhitzen und die Scheiben darin beidseitig bei mittlerer Hitze goldbraun braten, auf Küchenpapier abtropfen lassen.

4 Eine Auflaufform einölen und die Zucchinischeiben darin verteilen. Mit der Tomatensauce begießen und dem geriebenen Käse bestreuen. Im vorgeheizten Backofen (Mitte) etwa 15 Min. überbacken. Restliche Thymianblättchen darüberstreuen. Als Beilage Kartoffeln servieren.

Getränk: Ein kräftiger Rotwein aus dem Penédesgebiet paßt gut dazu.

Tip! Dieses Gericht ist auch als Beilage zu Fleisch gut geeignet, dann reicht es für die doppelte Personenzahl.

Manchego

Aus der Heimat Don Quichotes, der La Mancha, kommt Spaniens berühmtester Käse, der »Manchego«. Seit Jahrhunderten leben dort die Manchego-Schafe. Ihre Milch ist fettreich und schmeckt nach Gräsern und wilden Kräutern, von denen sie sich ausschließlich auf den kargen Weiden der Mancha ernähren. Der charakteristische Hartkäse schmeckt mild, aromatisch und leicht säuerlich. Er ist in verschiedenen Reifestufen von »tierno«, frisch und hellgelb, über »semi-seco«, besonders mild und aromatisch, aber fast nur vor Ort erhältlich, bis zu »seco«, trocken, dunkelgelb und hart, zu bekommen. Der Manchego hat 50 % Fett und ist eine von Kennern geschätzte Spezialität. Man erkennt ihn deutlich an seiner schwarzen Rinde und den Kerben von Hanfschnüren, mit denen der Käse traditionellerweise umwickelt wird. Außerdem ist auf der oberen und unteren Seite eine Blume eingeprägt. Seine Reifezeit liegt zwischen 2 und 12 Monaten, wobei das Aroma der Anjejos, der einjährigen, am intensivsten ist. Als Tapa, gerieben, aber auch als Dessert mit Quittenkonfitüre, gehört er unbedingt zur spanischen Küche.

Der charakteristische Hartkäse Manchego wird aus Schafmilch gemacht.

Tortilla de patatas

Ganz Spanien · Gut vorzubereiten

Kartoffelomelette

Zutaten für 4–6 Portionen:
750 g Kartoffeln, mehlig kochend
2 große Zwiebeln
7 EL Olivenöl
Salz
schwarzer Pfeffer, frisch gemahlen
6 Eier

Zubereitungszeit: 20 Min.
(+ 40 Min. Garen)

Bei 6 Portionen pro Portion:
1500 kJ/360 kcal

1 Kartoffeln schälen, waschen und in dünne Scheiben schneiden. Zwiebeln schälen und klein würfeln, nicht fein hacken.

2 Die Hälfte des Olivenöls in einer Pfanne mit hohem Rand, etwa 20 cm Durchmesser, erhitzen. Kartoffelscheiben und Zwiebelwürfel darin bei mittlerer Hitze etwa 25 Min. garen, nicht braten. Mit Salz und Pfeffer würzen.

3 Eier in einer Schüssel aufschlagen und verquirlen, mit Salz und Pfeffer kräftig würzen. Kartoffeln und Zwiebeln etwas abgekühlt zu den Eiern geben.

4 Das restliche Olivenöl in der Pfanne erhitzen, die Eiermischung hineingeben und bei milder Hitze in etwa 6 Min. stocken lassen, dabei immer wieder an der Pfanne rütteln.

5 Die Pfanne mit einem flachen Teller (oder Deckel) bedecken. Pfanne und Teller fest zusammenhalten und umdrehen, so daß die Tortilla auf dem Teller liegt.

6 Dann vorsichtig wieder in die Pfanne gleiten lassen und in weiteren 6–8 Min. fertiggaren.

7 Die Tortilla in Tortenstücke oder in Würfel schneiden. Warm oder kalt servieren.

Variante: Sie können Schinkenwürfel oder Chorizoscheiben mit den Kartoffeln in die Eiermasse geben.

Info: Tortilla heißt eigentlich Omelette. Tortilla de patatas ist ein Omelette mit Kartoffeln. Ein einfaches, sättigendes Gericht, das warm oder kalt als Haupt- oder Zwischengericht gegessen wird. Es gibt viele Varianten: mit Gemüse, Schinken, Krabben etc.

Tip! Für 2 Personen, mit Salat serviert, ist die Tortilla ein leichtes Abendessen. Sie läßt sich gut als Tapa mit anderen kleinen Gerichten reichen.

12% vol

Piperrada

Paprikaomelette

Aus dem Baskenland · Gelingt leicht

Zutaten für 4 Portionen:
1 mittelgroße rote Paprikaschote
1 mittelgroße grüne Paprikaschote
2 mittelgroße Fleischtomaten (etwa 350 g)
50 g gekochter Schinken
1 große Zwiebel · 4 Knoblauchzehen
3 EL Olivenöl · Salz
schwarzer Pfeffer, frisch gemahlen
8 Eier

Zubereitungszeit: 20 Min. (+ 25 Min. Garen)

Pro Portion: 1900 kJ/450 kcal

1 Den Backofen auf 250° (Gas Stufe 5) vorheizen. Paprikaschoten etwa 20 Min. auf den Rost legen, bis die Haut braun wird und Blasen wirft. Die Schoten häuten, entkernen und in schmale Streifen schneiden.

2 Fleischtomaten überbrühen, häuten, quer halbieren, entkernen und dabei den Stielansatz entfernen. Das Fruchtfleisch klein würfeln. Schinken in schmale Streifen schneiden.

3 Zwiebel und Knoblauch schälen, beides fein hacken. Die Hälfte des Olivenöls in einer Pfanne erhitzen, Zwiebel, Knoblauch und Schinken darin andünsten. Tomatenwürfel und Paprikastreifen dazugeben, mit Salz und Pfeffer würzen, etwa 10 Min. schmoren, bis kaum noch Flüssigkeit da ist und in eine Schüssel füllen.

4 Das restliche Olivenöl in der Pfanne erwärmen. Die Eier aufschlagen, verquirlen, mit Salz und Pfeffer würzen und hineingießen. Bei schwacher Hitze in etwa 3 Min. stocken lassen, dabei ab und zu umrühren. Das Gemüse auf den Eiern verteilen und zugedeckt weitere 10 Min. garen. Mit weißem Landbrot servieren.

Eier mit Gemüse

Aus Andalusien · Gelingt leicht

Huevos a la flamenca

Zutaten für 4 Portionen:
250 g Kartoffeln, mehlig kochend
3 EL Olivenöl · 1 mittelgroße Zwiebel
2 Knoblauchzehen
1 rote Paprikaschote
1 grüne Paprikaschote
150 g Serrano-Schinken
1 Chorizo (ca. 150 g rote Paprikawurst)
500 g Fleischtomaten
200 g Erbsen · Salz
schwarzer Pfeffer, frisch gemahlen
1 TL mildes Paprikapulver
Fett für die Förmchen · 8 Eier

Zubereitungszeit: 35 Min. (+ 30 Min. Garen)

Pro Portion: 2900 kJ/690 kcal

1 Kartoffeln schälen, waschen und in kleine Würfel schneiden. Olivenöl in einer breiten Pfanne erhitzen, die Kartoffelwürfel darin etwa 5 Min. bei mittlerer Hitze braten.

2 Zwiebel und Knoblauch schälen und fein hacken. Paprikaschoten putzen, waschen, klein würfeln. Alles in die Pfanne geben.

3 Schinken klein würfeln, Chorizo in Scheiben schneiden und unter das Gemüse mischen. Alles bei schwacher Hitze etwa 8 Min. dünsten. Den Backofen auf 180° (Gas Stufe 2) vorheizen.

4 Tomaten überbrühen, häuten, quer halbieren, entkernen und grob hacken. Frische Erbsen palen und mit den Tomaten unter die anderen Zutaten mischen. Alles mit Salz, Pfeffer und Paprika würzen und weitere 5 Min. garen.

5 Vier Portionsförmchen oder eine Auflaufform einölen und den Pfanneninhalt darin verteilen. In jedes Förmchen 2 Eier schlagen oder alle 8 Eier nebeneinander in die große Form geben. Im Backofen (Mitte) etwa 10 Min. garen, bis die Eier gestockt sind. Als Beilage Weißbrot reichen.

Getränk: Ein Rotwein aus Navarra schmeckt vorzüglich dazu.

Tip! Die Gemüsesorten können je nach Saison variieren.

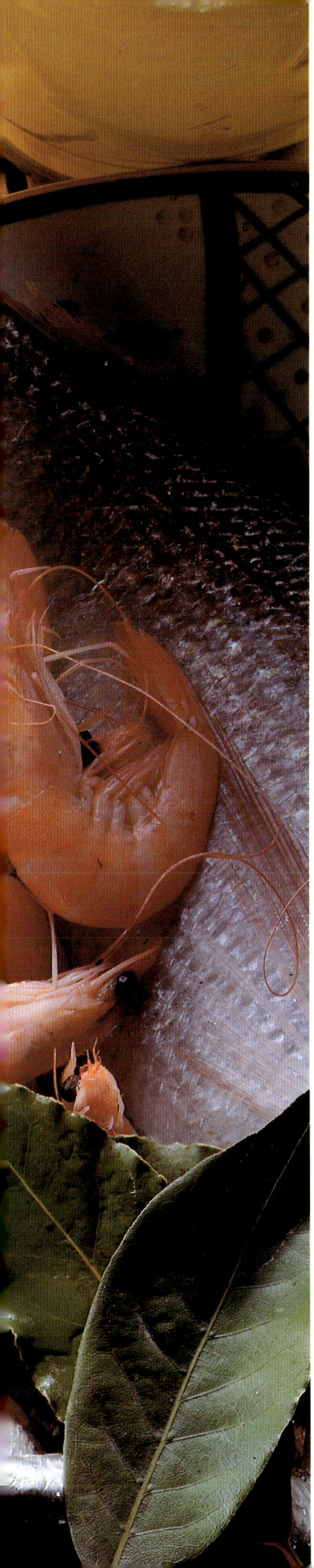

FISCH & MEERESFRÜCHTE

Spanien ist als Halbinsel vom Kantabrischen Meer, dem Atlantik und dem Mittelmeer umgeben. Ein Teil der Bevölkerung lebt deshalb vom Fischfang und -handel, was mit Sicherheit eine gute Einnahmequelle ist. Denn im Verzehr von Fischen und Meeresfrüchten steht Spanien weltweit an zweiter Stelle. Es wird nur noch von Japan übertroffen. Der Besuch eines Fischmarktes ist ein wahres Eldorado für jeden Feinschmecker, so überwältigend sind Vielfalt und Frische des Angebotes. Dementsprechend abwechslungsreich sind auch die Gerichte, die als Glanzlichter der spanischen Küche gelten. Die einfachste Version ist »a la plancha«, das heißt, die vorbereiteten Fische und Meeresfrüchte werden auf einer heißen, eingeölten Grillplatte kurz von beiden Seiten gebraten. Dazu serviert man Zitrone und Knoblauchmayonnaise. Berühmt sind die kleinen Glasaale, Angulas genannt. Sie sind nur hier zu finden und stehen Hummer undLangusten weder im Preis noch in der Feinheit des Geschmacks nach.
Köstlich sind auch die verschiedenen Fischsuppen, die es überall gibt. Im Norden ist neben den frischen Fischen der Bacalao, ein eingesalzener und luftgetrockneter Kabeljau, bei uns Stockfisch genannt, besonders beliebt. Durch die Konservierung mit Salz bekommt der Fisch ein ganz spezielles Aroma. Wie die Zubereitung auch sein mag – ganz einfach oder etwas aufwendiger – spanische Fischgerichte sind immer ein Hochgenuß.

Zarzuela

Aus Katalonien · Braucht etwas Zeit

Meeresfrüchteeintopf

Zutaten für 6 Portionen:
1 kg Fleischtomaten
2 große Zwiebeln
6 Knoblauchzehen
1 frische oder
1 getrocknete Chilischote
100 g roher Schinken ohne Schwarte
100 ml Olivenöl
100 g Mandeln, frisch gemahlen
nach Belieben 1–3 Döschen Safran, gemahlen (je 0,2 g)
4 Lorbeerblätter
1 Zweig Thymian
1 Zweig Rosmarin
½ l trockener Weißwein
Saft von ½ Zitrone
Salz
schwarzer Pfeffer, frisch gemahlen
500 g Venusmuscheln
500 g Herzmuscheln
400 g Tintenfische, küchenfertig vorbereitet
12 Jakobsmuscheln, ausgelöst
6 große frische Garnelen, ungeschält
3 Zitronen

Zubereitungszeit: 35 Min. (+ 45 Min. Garen)

Pro Portion: 2400 kJ/570 kcal

1 Fleischtomaten überbrühen, häuten, entkernen, Stielansatz entfernen und Früchte kleinschneiden. Zwiebeln und Knoblauch schälen und fein hakken. Chilischote entkernen, waschen und in feine Ringe schneiden. Vorsicht, ist sehr scharf! Bitte darauf achten, daß Sie nicht mit Ihren Händen an die Augen kommen. (Getrocknete Chilischote zerdrücken.) Schinken in kleine Würfel schneiden.

2 In einem großen Topf Öl erhitzen. Zwiebeln, Knoblauch und Chilischote andünsten, Schinkenwürfel untermischen. Tomaten dazugeben und etwa 10 Min. köcheln lassen.

3 Mandeln, Safran, Lorbeerblätter, Thymian- und Rosmarinzweig dazugeben. Mit Weißwein und ½ l Wasser aufgießen. Zitronensaft untermischen, mit Salz und Pfeffer würzen, kurz aufkochen und dann etwa 15 Min. zugedeckt köcheln lassen.

4 Venusmuscheln und Herzmuscheln unter fließend kaltem Wasser gründlich abbürsten. Schon geöffnete Exemplare aussortieren und wegwerfen, sie sind nicht genießbar.

5 Die Muscheln in den Topf geben und zugedeckt etwa 5 Min. garen, bis alle geöffnet sind. Muscheln, die sich nicht geöffnet haben, wiederum aussortieren und wegwerfen.

6 Inzwischen die Tintenfische in schmale Ringe schneiden. Zusammen mit den Jakobsmuscheln und den Scampis (ohne Darm) in den Topf geben. Alles zusammen weitere 10 Min. zugedeckt bei schwacher Hitze garen.

7 Die Zitronen längs in Schnitze schneiden. Die Zarzuela abschmecken und falls nötig nachwürzen. Am besten im Topf auftragen. Mit Weißbrot servieren, die Zitronenschnitze dazu reichen.

Getränk: Dazu paßt ein trockener Weißwein aus dem Penédesgebiet besonders gut.

Info: Der Name kommt von der spanischen Operette, der »Zarzuela«.

Tip! Bitte für jeden Gast eine Fingerschale mit warmem Wasser und Zitronenscheiben, sowie große Servietten vorbereiten.

Jakobsmuscheln galizisch

Für Gäste · Geht schnell

Veiras a la gallega

Zutaten für 4 Portionen:
16 Jakobsmuscheln mit Corail
Saft von 1 Zitrone
1 Zwiebel
4 EL Olivenöl
2 Knoblauchzehen
4 cl Aguardiente de orujo (ersatzweise Grappa)
Salz
schwarzer Pfeffer, frisch gemahlen
1 TL mildes Paprikapulver
1 Prise Cayennepfeffer
1 Prise Zimt
200 ml trockener Weißwein
1 Bund glatte Petersilie
4 EL Semmelbrösel
8 Muschelschalen

Zubereitungszeit: 35 Min. (+ 12 Min. Überbacken)

Pro Portion: 1100 kJ/260 kcal

1 Corails von den Jakobsmuscheln entfernen. Die Jakobsmuscheln mit Zitronensaft beträufeln und kalt stellen. Den Backofen auf 200° (Gas Stufe 3) vorheizen.

2 Zwiebel schälen, fein hacken und in 1 EL heißem Olivenöl weich dünsten. Knoblauch schälen und dazupressen. Corails sehr klein schneiden und daruntermischen. Mit Aguardiente de orujo ablöschen und mit Salz, Pfeffer, Paprikapulver, Cayennepfeffer und Zimt würzen. Weißwein dazugießen und aufkochen.

3 Petersilie waschen, trockenschütteln, abzupfen, fein hacken und mit den Semmelbröseln mischen. Die Muschelschalen oder eine Auflaufform einölen und die Jakobsmuscheln hineinlegen.

4 Die Sauce auf den Jakobsmuscheln verteilen und mit der Semmelbröselmischung gleichmäßig bestreuen. Mit dem restlichen Olivenöl beträufeln und im vorgeheizten Backofen (Mitte) etwa 10–12 Min. goldgelb überbacken (Muschelschalen auf einer dicken Schicht Salz auf ein Blech setzen, damit sie nicht kippen). Als Beilage Weißbrot reichen.

Getränk: Ein trockener Weißwein, z.B. Alabrino aus Galizien, schmeckt ausgezeichnet dazu.

Tip! Muschelschalen können Sie im Fischgeschäft kaufen.

Zitronen

Der Zitronenbaum gelangte erst durch die Mauren nach Europa.

Die Zitrone ist aus der spanischen Küche nicht wegzudenken. Zu Fischgerichten ist sie ebenso unentbehrlich wie zu Fleisch, Gemüse und Salat. Aber auch in Desserts und Getränken verfeinert sie den Geschmack. In Scheiben oder Achtel geschnitten eignet sie sich hervorragend als Dekoration. Der Zitronenbaum war ursprünglich in Asien beheimatet. Erst durch die Mauren gelang er nach Europa und seither wird er im Mittelmeerraum angebaut. Obwohl die Zitrone als tropische Frucht gilt, hat sie sich dem mediterranen Klima gut angepaßt. In Spanien werden auf rund 150 000 Hektar Zitronen angebaut, hauptsächlich in den Regionen Valencia, Murcia und Andalusien. Spanische Zitronen sind in der ganzen Welt beliebt und werden das ganze Jahr über angeboten. Die Zitrone gehört zur Familie der Rautengewächse. Der Zitronenbaum wird 3 bis 6 m hoch und ist mit kräftigen Dornen bewehrt. Er hat immergrüne Blätter und stark duftende Blüten, von denen sich nur 10% zu Früchten entwickeln. Vitamin C, der Hauptbestandteil der gelben, saftigen Frucht, (60 mg pro 100 ml Saft) ist für den Stoffwechsel wichtig und verstärkt die natürlichen Abwehrkräfte.

Lachs asturianische Art

Geht schnell · Raffiniert

Salmón a la ribereña

Zutaten für 4 Portionen:
4 Lachsscheiben (je etwa 180 g)
Saft von ½ Zitrone
Salz
50 g Serrano-Schinken
6 EL Mehl zum Wenden
4 EL Olivenöl
weißer Pfeffer, frisch gemahlen
¼ l Sidra oder Apfelwein

Zubereitungszeit: 10 Min.
(+ 15 Min. Marinieren
+ 20 Min. Garen)

Pro Portion: 1200 kJ/290 kcal

1 Lachsscheiben kalt abspülen und trockentupfen. Dann beidseitig mit Zitronensaft beträufeln, leicht salzen und etwa 15 Min. ziehen lassen.

2 Inzwischen Serrano-Schinken in kleine Würfel schneiden.

3 Mehl auf einen Teller geben, Lachsscheiben darin wenden und überschüssiges Mehl abschütteln. Olivenöl in einer Pfanne erhitzen und den Lachs bei mittlerer Hitze etwa 8 Min. braten, dabei einmal umdrehen. Anschließend leicht mit Pfeffer würzen, aus der Pfanne nehmen und warm stellen.

4 Die Schinkenwürfel im verbliebenen Bratfett etwa 5 Min. dünsten. Mit Sidra ablöschen, bei starker Hitze um etwa ein Drittel einkochen und mit Pfeffer abschmecken.

5 Den Lachs auf vorgewärmten Tellern anrichten und mit der Sauce übergießen. Als Beilage Spinat servieren.

Getränk: Dazu paßt Apfelwein besonders gut.

Tip! Sidra ist eine asturianische Spezialität. Sie läßt sich durch Apfelwein oder Weißwein ersetzen.

Seebrasse aus dem Ofen

Aus Cadiz · Braucht etwas Zeit

Besugo al horno

Zutaten für 4 Portionen:
1 unbehandelte Zitrone
1 Seebrasse, küchenfertig vorbereitet (etwa 1,2 kg)
Salz
weißer Pfeffer, frisch gemahlen
600 g kleine, möglichst gleich große Kartoffeln, mehlig kochend
1 Zwiebel · 4 Knoblauchzehen
1 große Fleischtomate
2 TL frischer Thymian
Olivenöl für die Form
¼ l trockener Weißwein
100 ml Olivenöl
1 Bund glatte Petersilie
2 EL Semmelbrösel

Zubereitungszeit: 45 Min.
(+ 50 Min. Garen)

Pro Portion: 3300 kJ/790 kcal

1 Zitrone heiß abbürsten, längs halbieren und eine Hälfte auspressen, die andere Hälfte in 3 Schnitze schneiden. Den Fisch abspülen, trockentupfen und dann innen und außen mit Zitronensaft beträufeln, salzen und pfeffern. Mit einem scharfen Messer quer 3 Kerben in den Fisch schneiden und die Zitronenschnitze hineinstecken.

2 Kartoffeln schälen und in dünne Scheiben schneiden. Zwiebel schälen, halbieren und in feine Ringe schneiden, mit den Kartoffelscheiben in eine Schüssel füllen. Knoblauch schälen und zwei Zehen in die Schüssel pressen.

3 Fleischtomate überbrühen, häuten, entkernen und den Stengelansatz entfernen. Das Fruchtfleisch grob hacken und zu den Kartoffeln geben. Alles mit Salz und Pfeffer und Thymian würzen und gut mischen. Den Backofen auf 180° (Gas Stufe 2) vorheizen.

4 Eine Auflaufform einölen und die Gemüsemischung gleichmäßig auf dem Boden verteilen. Weißwein und Olivenöl darüber gießen. Den Fisch darauf legen.

5 Petersilie waschen, abzupfen, fein hacken und mit Semmelbröseln in eine Schüssel füllen. Den restlichen Knoblauch dazupressen, umrühren und mit Salz und Pfeffer würzen. Diese Mischung auf dem Fisch verteilen.

6 Die Form in den Backofen (Mitte) stellen und den Fisch etwa 50 Min. garen. Er ist fertig, wenn er sich bei Fingerdruck fest anfühlt.

Seehecht mit Kapern

Aus Katalonien · Raffiniert

Merluza en salsa de alcaparras

Zutaten für 4 Portionen:
1 Knoblauchknolle
4 Seehechtscheiben (je etwa 200 g)
Salz
schwarzer Pfeffer, frisch gemahlen
1 EL Olivenöl
200 ml trockener Weißwein
1 kleine Zwiebel
100 g Mandeln, geschält
60 g Kapern

Zubereitungszeit: 25 Min.
(+ 30 Min. Garen)

Pro Portion: 1600 kJ/380 kcal

1 Backofen auf 180° (Gas Stufe 2) vorheizen und die Knoblauchknolle darin je nach Größe 15–20 Min. rösten.

2 Fisch kalt abspülen, trockentupfen, salzen und pfeffern. Auflaufform einölen, die Fischscheiben nebeneinander hineinlegen und mit Weißwein begießen. Die Form zudecken und für etwa 20 Min. in den vorgeheizten Backofen (Mitte) stellen.

3 Inzwischen Zwiebel schälen und grob zerschneiden. Mandeln in einer trockenen Pfanne goldgelb rösten. Knoblauch schälen und mit den Mandeln, der Zwiebel und 50 g Kapern in einem Mörser oder im elektrischen Zerhacker fein zerkleinern.

4 Fisch aus dem Sud nehmen und warm stellen. Sud aufkochen, die Paste hineinrühren und erhitzen, mit Salz und Pfeffer abschmecken. Fisch auf vier Tellern anrichten und mit der Sauce überziehen. Mit den restlichen Kapern bestreuen und mit Gemüse servieren.

Getränk: Ein trockener Weißwein, aus der Gegend von Valencia, schmeckt zu diesem Gericht ausgezeichnet.

Thunfisch-Kasserolle

Aus dem Baskenland · Eher scharf

Marmitako

Zutaten für 4 Portionen:
1 große Zwiebel
4 Knoblauchzehen
1 große rote Paprikaschote
1 große grüne Paprikaschote
500 g Fleischtomaten
2 EL Olivenöl
1 frische Chilischote · Salz
schwarzer Pfeffer, frisch gemahlen
2 TL mildes Paprikapulver
400 g Kartoffeln, mehlig kochend
250 ml trockener Weißwein aus dem Baskenland
600 g Thunfisch
Saft von 1 Zitrone

Zubereitungszeit: 35 Min. (+ 50 Min. Garen)

Pro Portion: 2400 kJ/570 kcal

1 Zwiebel schälen und fein hacken. Knoblauch schälen. Paprikaschoten putzen, waschen und in schmale Streifen schneiden. Tomaten überbrühen, häuten und dabei den Stielansatz entfernen. Das Fruchtfleisch grob zerschneiden.

2 Olivenöl in einem großen Topf erhitzen. Zwiebel darin andünsten, Knoblauch dazupressen. Paprikastreifen untermischen und bei schwacher Hitze etwa 5 Min. dünsten.

3 Chilischote entkernen, waschen und in schmale Streifen schneiden. Vorsicht, ist sehr scharf! Bitte darauf achten, daß Sie nicht mit Ihren Händen an die Augen kommen. Mit den Tomaten in den Topf geben und mit Salz, Pfeffer und Paprikapulver würzen. Gut durchrühren und zugedeckt etwa 10 Min. bei schwacher Hitze dünsten.

4 Inzwischen Kartoffeln schälen, waschen und in Würfel von etwa 1 ½ cm Kantenlänge schneiden. Weißwein zu dem Gemüse gießen, Kartoffelwürfel untermischen und zugedeckt etwa 25 Min. köcheln lassen.

5 Thunfisch kalt abspülen, trockentupfen und in gleich große Würfel wie die Kartoffeln schneiden. Mit Zitronensaft beträufeln, salzen, pfeffern und in den Topf geben. Alles zusammen weitere 5 Min. garen. Falls nötig nachwürzen. Mit weißem Landbrot servieren.

Getränk: Dazu paßt ein trockener Weißwein aus dem Baskenland.

Goldbrasse in Salzkruste

Aus Almeria · Festlich

Dorada al sal

Zutaten für 4 Portionen:
1 Goldbrasse, küchenfertig vorbereitet (etwa 1,2 kg)
Saft von ½ Zitrone
Salz
weißer Pfeffer, frisch gemahlen
1 Zweig Thymian
3 Knoblauchzehen
2 kg grobes Meersalz
2 unbehandelte Zitronen

Für die Mandelsauce (Salsa romesco):
50 g Mandeln, ungeschält
1 große Fleischtomate
3 Knoblauchzehen
Salz
schwarzer Pfeffer, frisch gemahlen
1 Prise Cayennepfeffer
1 EL Rotweinessig
6 EL Olivenöl

Zubereitungszeit: 25 Min. (+ 40 Min. Garen)

Pro Portion: 2400 kJ/570 kcal

1 Backofen auf 250° (Gas Stufe 5) vorheizen. Goldbrasse kalt abspülen, trockentupfen, innen und außen mit Zitronensaft beträufeln, salzen und pfeffern. Thymian abbrausen und trockenschütteln. Knoblauch schälen und längs halbieren. Beides in den Bauch des Fisches legen.

2 Die Hälfte des Meersalzes in einen ausreichend großen Bräter oder eine ofenfeste Form schütten und auf dem Boden glattstreichen. Den Fisch hineinlegen.

3 Das restliche Meersalz darauf streuen, so daß der Fisch ganz davon bedeckt ist. Den Bräter oder die Form in den Backofen (Mitte) stellen und 35–40 Min. garen.

4 Inzwischen für die Sauce Mandeln mit kochendem Wasser überbrühen, Kerne aus den Schalen drücken und in einer trockenen Pfanne rösten. Fleischtomate überbrühen, häuten und entkernen. Knoblauch schälen. Alles zusammen im Mixer pürieren.

5 Die Sauce mit Salz, Pfeffer, Cayennepfeffer und Essig kräftig würzen, Olivenöl unterrühren.

6 Bräter bzw. Form aus dem Ofen nehmen und die Salzkruste aufschlagen. Den Fisch herausheben, häuten und die Filets von den Gräten heben. Mit Zitronenschnitzen dekorativ anrichten und zusammen mit der Mandel-Sauce servieren. Als Beilage Kartoffeln reichen.

Getränk: Dazu paßt ein trockener Weißwein, z.B. Albarino aus Galizien, ausgezeichnet.

Forellen Navarra-Art

Gelingt leicht · Geht schnell

Truchas a la navarra

Zutaten für 4 Portionen:
4 Forellen, küchenfertig vorbereitet (je etwa 350 g)
Salz
schwarzer Pfeffer, frisch gemahlen
150 g Serrano-Schinken in 4 Scheiben
Mehl zum Wenden
100 g Speck, durchwachsen, ohne Schwarte
5 EL Olivenöl

Zubereitungszeit: 10 Min. (+ 15 Min. Garen)

Pro Portion: 3000 kJ/710 kcal

1 Forellen kalt abspülen, trockentupfen und innen und außen leicht salzen und pfeffern. Serrano-Schinken in die Bäuche der Forellen legen.

2 Mehl auf eine Platte geben, die Forellen darin wenden und das überschüssige Mehl abschütteln.

3 Speck in kleine Würfel schneiden. Olivenöl in einer Pfanne erhitzen und die Speckwürfel bei schwacher Hitze ausbraten.

4 Die Forellen darin auf jeder Seite in etwa 10 Min. bei mittlerer Hitze goldbraun braten. Mit Kartoffeln oder Weißbrot servieren.

Getränk: Ein Rosé aus Navarra paßt besonders gut dazu.

Variante: Forellen asturianische Art
Die Forellen werden vorbereitet, in Mehl gewendet und mit ausgebratenen Würfeln von durchwachsenem Speck gebraten. Anschließend streut man die knusprigen Speckwürfel über die Forellen. Als Beilage dazu werden Salzkartoffeln oder gebratene Kartoffeln und Salat gereicht.

Stockfisch in Ölsauce

Aus dem Baskenland

Bacalao al pil-pil

Zutaten für 4 Portionen:
600 g Stockfisch
1 Knoblauchknolle
300 ml Olivenöl
1 getrocknete Chilischote
weißer Pfeffer, frisch gemahlen

Zubereitungszeit: 15 Min. (+ 24 Std. Einweichen + 20 Min. Garen)

Pro Portion: 5000 kJ/1200 kcal

1 Stockfisch mindestens 24 Std. in kaltes Wasser legen und das Wasser möglichst oft wechseln.

2 Am nächsten Tag Knoblauch schälen und in dünne Scheiben schneiden. Stockfisch falls nötig entgräten, ohne die Haut zu verletzen und in Portionsstücke schneiden.

3 Olivenöl in einer Pfanne mit hohem Rand oder einer Tonform erhitzen. Chilischote etwas andrücken und mit dem Knoblauch in das Olivenöl geben. Bei schwacher Hitze braten, bis der Knoblauch goldgelb geworden ist, anschließend samt der Chilischote herausnehmen und beiseite stellen.

4 Stockfischstücke mit der Haut nach unten in das Olivenöl legen und langsam bei schwacher Hitze etwa 20 Min. schmoren. Dabei die Pfanne ständig rütteln, bis sich aus dem ausgetretenen Fischsaft und dem Olivenöl eine mayonnaiseartige Sauce gebildet hat. Fisch und Sauce leicht mit Pfeffer würzen.

5 Stockfisch und Sauce auf vier vorgewärmten Tellern oder Tonschalen anrichten, mit den Knoblauchscheiben garnieren und sofort auftragen. Mit Kartoffeln oder Weißbrot servieren.

Getränk: Ein trockener Weißwein aus dem Baskenland paßt gut dazu.

Tip! Manchmal gibt es Stockfisch auch schon gewässert zu kaufen. Das Gericht schmeckt auch kalt.

Herzmuscheln Fischer-Art

Aus Galizien · Gelingt leicht

Almejas a la marinera

Zutaten für 4–6 Portionen:
1 kleine Zwiebel
2 Knoblauchzehen
2 EL Olivenöl
600 g Fleischtomaten
¼ l trockener Weißwein
1 Lorbeerblatt · Salz
schwarzer Pfeffer, frisch gemahlen
1 kg Herzmuscheln
1 Bund glatte Petersilie

Zubereitungszeit: 45 Min.
(+ 20 Min. Garen)

Bei 6 Portionen pro Portion:
720 kJ/170 kcal

1 Zwiebel und Knoblauchzehen schälen und fein hacken. Olivenöl in einem Topf erhitzen, Zwiebel und Knoblauch bei schwacher Hitze andünsten.

2 Fleischtomaten überbrühen, häuten, quer halbieren, entkernen und dabei den Stielansatz entfernen. Das Fruchtfleisch fein hacken und in den Topf geben. Weißwein dazugeben, Lorbeerblatt einlegen und mit Salz und Pfeffer würzen. Im offenen Topf bei schwacher Hitze etwa 10 Min. schmoren lassen.

3 Inzwischen die Muscheln unter fließend kaltem Wasser gut abbürsten. Schon geöffnete Muscheln aussortieren, sie sind nicht genießbar. Die Muscheln in den Topf geben und bei starker Hitze zugedeckt 5–8 Min. garen, dabei immer wieder am Topf rütteln. Muscheln, die nach dem Garen noch geschlossen sind, aussortieren, sie sind ebenfalls nicht genießbar.

4 Petersilie waschen, trockenschütteln, Blättchen abzupfen, fein hakken und zum Schluß einstreuen. Mit Weißbrot servieren.

Tip! Auf die gleiche Weise können auch andere Muschelsorten zubereitet werden.

Mallorquinischer Fischtopf

Braucht etwas Zeit

Tumbet de pescado mallorquin

Zutaten für 4 Portionen:
750 g Kabeljaufilet
8 EL Olivenöl + Öl für die Formen
Salz
schwarzer Pfeffer, frisch gemahlen
Saft von 1 Zitrone
1/8 l trockener Weißwein
2 rote Paprikaschoten (etwa 300 g)
500 g Kartoffeln, mehlig kochend
2 Auberginen (etwa 400 g)
Mehl zum Wenden
750 g Fleischtomaten
1 große Zwiebel
2 Knoblauchzehen
2 Lorbeerblätter
1 Prise Zimt
1 TL Zucker

Zubereitungszeit: 30 Min.
(+ 1 1/4 Std. Garen)

Pro Portion: 2200 kJ/520 kcal

1 Backofen auf 180° (Gas Stufe 2) vorheizen. Eine Form mit Öl einpinseln, den Fisch hineinlegen, salzen, pfeffern, mit Zitronensaft und Weißwein beträufeln. Im Backofen etwa 10 Min. garen und herausnehmen.

2 Backofen auf 220° (Gas Stufe 4) hochschalten und Paprikaschoten etwa 20 Min. rösten, bis die Haut braun wird. Inzwischen Kartoffeln schälen, in dünne Scheiben hobeln und in 3 EL Olivenöl in einer Pfanne etwa 5 Min. braten. 1/4 l Wasser dazugießen und zugedeckt bei schwacher Hitze etwa 15 Min. garen. Paprikaschoten häuten, putzen und in Streifen schneiden.

3 Auberginen waschen und in dicke Scheiben schneiden. In Mehl wenden und in 3 EL Olivenöl beidseitig bei mittlerer Hitze goldbraun braten, würzen und beiseite stellen.

4 Tomaten überbrühen, häuten, quer halbieren, entkernen und grob hacken. In einem Topf 2 EL Olivenöl erhitzen. Zwiebel und Knoblauch schälen, fein hacken und darin andünsten.

5 Tomaten, den Saft des Fisches, Lorbeerblätter, Zimt, Zucker, Salz und Pfeffer unterrühren und zugedeckt bei mittlerer Hitze etwa 15 Min. köcheln lassen. Lorbeerblätter entfernen und Topfinhalt pürieren.

6 Eine Form einölen. Die Hälfte der Kartoffeln darin verteilen, darauf jeweils die Hälfte des Fisches, der Auberginen und Paprikaschoten geben. So alle Zutaten einschichten, mit der Sauce begießen und etwa 15 Min. im vorgeheizten Backofen (Mitte) garen.

Getränk: Dazu paßt ein Muskateller Weißwein aus Mallorca.

FLEISCH

Auch bei diesen Gerichten hat jede Region typische Spezialitäten. Kastilien und Leon wird die »Region der Braten« genannt. Hier gibt es deftige Fleischgerichte jeder Art. Am liebsten grillt man junge Ziegen und Lämmer im Ganzen, am Spieß, oder genießt sie »al horno«, im Ofen gebraten. Die Tradition der Lammgerichte geht teilweise auf die maurische Herrschaft zurück. Schweinefleisch gab es erst, nachdem die Mauren aus Spanien vertrieben wurden. Seitdem ist es sehr beliebt und wird in jeder Form gerne gegessen. Und es wird alles verwertet, vom Filet bis zu den Schweineschwänzchen, die mit Fleisch, Gemüse und Würsten in Eintöpfen gekocht werden. Auch Innereien haben einen ständigen Platz auf den Speisezetteln. Dazu kommen die vielen unterschiedlichen Würste und nicht zu vergessen der berühmte Jamon de Serrano, der luftgetrocknete Schinken. Auch aus Rindfleisch werden köstliche Gerichte zubereitet. Besonders zu erwähnen sind die berühmten Eintöpfe aus Kutteln, Callos, dem Panzen oder Blättermagen vom Rind, der in Deutschland leider kaum noch verwendet wird. Auch Wildgerichte sind in Spanien sehr beliebt, z.B. das köstliche Wildschweinragout auf Seite 110.

Kalbfleisch La Mancha

Gelingt leicht

Ternera al estilo de La Mancha

Zutaten für 4 Portionen:
4 Kalbsschnitzel (je etwa 180 g)
Saft von ½ Zitrone
Salz
schwarzer Pfeffer, frisch gemahlen
1 große Zwiebel
2 grüne Paprikaschoten (etwa 300 g)
2 mittelgroße Fleischtomaten (etwa 400 g)
3 Knoblauchzehen
4 EL Olivenöl
200 ml Fleischbrühe

Zubereitungszeit: 20 Min. (+ 40 Min. Garen)

Pro Portion: 1400 kJ/330 kcal

1 Kalbsschnitzel beidseitig mit Zitronensaft beträufeln, salzen und pfeffern. Beiseite stellen und zugedeckt ziehen lassen, bis das Gemüse vorbereitet ist.

2 Zwiebel schälen und fein hacken. Paprikaschoten putzen, waschen und in sehr kleine Würfel schneiden. Fleischtomaten überbrühen, häuten, entkernen und den Stengelansatz entfernen. Das Fruchtfleisch klein würfeln und mit der Zwiebel und den Paprikawürfeln in eine Schüssel geben.

3 Knoblauch schälen und dazupressen, das Gemüse mischen und mit Salz und Pfeffer kräftig würzen.

4 In einem breiten Topf oder einem Bräter die Hälfte des Gemüses verteilen. Mit etwas Olivenöl und Fleischbrühe begießen. Die Kalbsschnitzel dachziegelartig darauf legen. Mit dem Rest des Gemüses bedecken, dann mit dem restlichen Olivenöl und der Fleischbrühe begießen. Zugedeckt bei schwacher Hitze etwa 40 Min. schmoren lassen. Mit weißem Landbrot servieren.

Getränk: Ein leichter Rotwein aus der Mancha paßt besonders gut dazu.

Tip! Das Gericht läßt sich auch gut in einer Auflaufform im Backofen bei etwa 180° (Gas Stufe 2) zubereiten.

Schweinekoteletts Aragon

Gelingt leicht · Sehr deftig

Chuletas de cerdo al estilo de Aragón

Zutaten für 4 Portionen:
800 g Kartoffeln, mehlig kochend
2 EL Olivenöl
Salz
schwarzer Pfeffer, frisch gemahlen
300 ml trockener Weißwein
4 Schweinekoteletts (je etwa 180 g)
50 g Mandeln, gehackt
4 Knoblauchzehen
1 Bund glatte Petersilie
2 Eier

Zubereitungszeit: 25 Min. (+ 45 Min. Garen)

Pro Portion: 3200 kJ/760 kcal

1 Kartoffeln schälen, waschen und in ½ cm dicke Scheiben schneiden. Reine oder Tonform mit Olivenöl einpinseln. Kartoffeln auf dem Boden der Form verteilen, salzen und pfeffern. Weißwein darüber gießen.

2 Backofen auf 200° (Gas Stufe 3) vorheizen. Koteletts beidseitig salzen, pfeffern und auf das Kartoffelbett legen.

3 Mandeln in wenig Olivenöl goldbraun rösten und in eine kleine Schüssel füllen. Knoblauch schälen und dazupressen. Petersilie waschen, trockenschütteln, Blätter abzupfen, fein hacken und untermischen, salzen und pfeffern. Diese Mischung auf den Koteletts verteilen.

4 Die Form für etwa 45 Min. zugedeckt in den Backofen (Mitte) stellen. Die Kartoffeln sollten dann die Flüssigkeit ganz aufgesogen haben.

5 Eier in etwa 10 Min. hart kochen, abschrecken, pellen und fein hacken. Die Form aus dem Backofen nehmen und die Koteletts mit den gehackten Eiern bestreuen.

Getränk: Dazu paßt ein trockener Weißwein.

Andalusisches Rindsragout

Braucht etwas Zeit

Estofado a la andaluza

Zutaten für 4 Portionen:
1 Knoblauchknolle
800 g Schulter vom Rind ohne Knochen
1 große grüne Paprikaschote
2 Fleischtomaten (etwa 300 g)
2 große Zwiebeln
2 mittelgroße Möhren (etwa 200 g)
2 TL Pfefferkörner
1 Döschen Safran (0,2 g)
½ TL Zimt
3 EL Olivenöl · 2 Lorbeerblätter
⅛ l trockener Weißwein
4 Kartoffeln, mehlig kochend (etwa 500 g)
1 Bund glatte Petersilie
Salz
schwarzer Pfeffer, frisch gemahlen

Zubereitungszeit: 35 Min.
(+ 1½ Std. Garen)

Pro Portion: 2300 kJ/550 kcal

1 Backofen auf 200° (Gas Stufe 3) vorheizen. Zwei Zehen von der Knoblauchknolle abnehmen, die restliche Knolle für etwa 20 Min. in den Backofen (Mitte) auf dem Rost rösten.

2 Fleisch in Würfel von etwa 2½ cm Kantenlänge schneiden. Paprika putzen, waschen und in schmale Streifen schneiden. Tomaten überbrühen, häuten und achteln. Zwiebeln und Möhren schälen. Zwiebeln in Halbringe, Möhren in Scheiben schneiden.

3 Fleischwürfel mit dem Gemüse in einen Topf füllen und umrühren. Dann Knoblauch schälen und mit Pfefferkörnern in einem Mörser zerkleinern. Safran und Zimt dazugeben. Den gerösteten Knoblauch aus den Schalen dazudrücken, salzen und alles zu einer Paste verrühren.

4 Zusammen mit 100 ml Wasser, Olivenöl und Lorbeerblättern in den Topf geben. Weißwein dazugießen und alles zugedeckt bei schwacher Hitze etwa 1½ Std. köcheln lassen.

5 Inzwischen Kartoffeln schälen und in ebenso große Würfel wie das Fleisch schneiden. Etwa 20 Min. vor Garzeitende unter das Ragout mischen. Petersilie fein hacken. Das Ragout abschmekken und die Petersilie untermischen. Als Beilage weißes Landbrot reichen.

Getränk: Dazu paßt ein kräftiger Rotwein, z.B. aus Navarra oder aus Rioja, besonders gut.

Schweinelende Malaga

Gelingt leicht

Solomillo de cerdo a la malagueña

Zutaten für 4 Portionen:
2 EL Olivenöl
800 g Schweinelende
Salz
schwarzer Pfeffer, frisch gemahlen
200 ml Malaga (spanischer Süßwein)
100 ml Fleischbrühe
1 Stück Zimtstange
50 g Rosinen, möglichst aus Málaga
100 g Mandeln, ungeschält

Zubereitungszeit: 20 Min. (+ 1 Std. Garen)

Pro Portion: 2800 kJ/670 kcal

1 Den Backofen auf 180° (Gas Stufe 2) vorheizen.

2 Olivenöl in einem Bräter erhitzen. Fleisch darin bei starker Hitze von allen Seiten anbraten, rundum salzen und pfeffern.

3 Mit Malaga ablöschen und die Fleischbrühe dazugießen. Zimtstange und Rosinen dazugeben. Den Bräter zudecken und in den vorgeheizten Backofen (Mitte) stellen. Den Braten etwa 1 Std. garen.

4 Inzwischen Mandeln mit kochendem Wasser überbrühen und die Kerne aus den Schalen drücken. Die Mandeln trockentupfen und in einer beschichteten Pfanne ohne Fett goldgelb rösten. Die Hälfte davon fein mahlen.

5 Das Fleisch aus der Sauce nehmen und warm stellen. Zimtstange aus der Sauce nehmen. Gemahlene Mandeln in die Sauce rühren, aufkochen, etwa 5 Min. im offenen Topf köcheln und nochmals abschmecken. Den Braten in Scheiben schneiden, anrichten und mit der Sauce übergießen. Mit den gerösteten Mandeln bestreuen und mit Reis und Gemüse servieren.

Getränk: Dazu paßt ein trockener Rosé aus Katalonien.

Kalbfleisch Sevillanische Art

Gelingt leicht

Ternera a la sevillana

Zutaten für 4 Portionen:
2 Fleischtomaten (etwa 300 g)
2 große Zwiebeln · 1 Knoblauchzehe
800 g Kalbfleisch aus der Schulter, ohne Knochen
Salz
schwarzer Pfeffer, frisch gemahlen
2 EL Olivenöl
¼ l trockener Weißwein
⅛ l Fleischbrühe
1 Stück Zimtstange
40 g Mandelstifte
100 g grüne Oliven, entsteint

Zubereitungszeit: 45 Min. (+ 1 Std. Garen)

Pro Portion: 1700 kJ/400 kcal

1 Tomaten überbrühen, häuten, quer halbieren, entkernen, Stielansatz entfernen und das Fruchtfleisch grob hacken.

2 Zwiebeln schälen und fein hacken. Knoblauchzehe schälen und längs halbieren. Den Backofen auf 200° (Gas Stufe 3) vorheizen.

3 Fleisch waschen, trockentupfen und rundum mit Salz und Pfeffer einreiben. Olivenöl in einem Bräter erhitzen und das Fleisch bei starker Hitze darin rundum anbraten. Die gehackten Zwiebeln und den Knoblauch um das Fleisch streuen und goldgelb werden lassen.

4 Mit Weißwein ablöschen und etwas einkochen lassen. Fleischbrühe und die gehackten Tomaten dazugeben, salzen, pfeffern und die Zimtstange hineinlegen. Den Bräter verschließen und den Braten im vorgeheizten Backofen (Mitte) etwa 1 Std. garen.

5 Mandelstifte etwa 10 Min. vor Ende der Garzeit goldbraun braten.

6 Den Braten aus dem Ofen nehmen und warm stellen. Zimtstange entfernen, Mandelstifte und Oliven in die Sauce geben, etwa 5 Min. köcheln lassen und abschmecken. Das Fleisch in Scheiben schneiden, mit der Sauce anrichten und mit Safranreis servieren.

Ochsenschwanzragout

Aus Andalusien · Braucht etwas Zeit

Rabo de toro a la sevillana

Zutaten für 4 Portionen:
1 große Zwiebel
1 kleine Stange Lauch
1 große Möhre
100 g Knollensellerie
4 Knoblauchzehen · 5 EL Olivenöl
1,5 kg Ochsenschwanz in Stücken
2 EL Tomatenmark
250 ml trockener Rotwein
400 ml Fleischbrühe
2 Lorbeerblätter · 1 Zweig Thymian
3 Nelken · Salz
schwarzer Pfeffer, frisch gemahlen
4 cl trockener Sherry Fino

Zubereitungszeit: 60 Min. (+ 1½ Std. Garen)

Pro Portion. 3200 kJ/760 kcal

1 Zwiebel schälen und grob zerschneiden. Lauch putzen, waschen und in feine Ringe schneiden. Möhre und Sellerie schälen und klein würfeln. Knoblauch schälen.

2 Den Backofen auf 150° (Gas Stufe 1) vorheizen.

3 Olivenöl in einem Bräter erhitzen und die Ochsenschwanzstücke darin bei starker Hitze rundum braun anbraten. Das Gemüse mit dem Knoblauch untermischen und kurz mitbraten. Tomatenmark unterrühren.

4 Mit Rotwein ablöschen und Fleischbrühe aufgießen. Lorbeerblätter, Thymian, Nelken dazugeben, salzen und pfeffern. Den Bräter zugedeckt in den Backofen (Mitte) stellen und den Ochsenschwanz etwa 2–2½ Std. schmoren lassen.

5 Ochsenschwanzstücke aus der Sauce nehmen, das Fleisch von den Knochen lösen und warm stellen. Die Sauce durch ein feines Sieb gießen. Sherry dazugeben, im offenen Topf zur gewünschten Konsistenz einkochen und mit Salz und Pfeffer abschmecken. Das Fleisch wieder in die Sauce legen. Mit Kartoffeln oder weißem Landbrot servieren.

Getränk: Dazu paßt ein kräftiger Rotwein aus Rioja besonders gut.

Zungen mit Granatapfel

Aus Andalusien · Raffiniert

Lenguas con salsa de granadas

Zutaten für 4 Portionen:
Salz
2 kleinere Kalbszungen (je etwa 500 g) oder 4 Schweinezungen (je etwa 350 g)
1 große Zwiebel
1 EL Olivenöl
100 ml trockener Sherry Fino
2 Granatäpfel
200 ml Fleischbrühe
schwarzer Pfeffer, frisch gemahlen

Zubereitungszeit. 30 Min. (+ 1½ Std. Garen)

Pro Portion: 2100 kJ/500 kcal

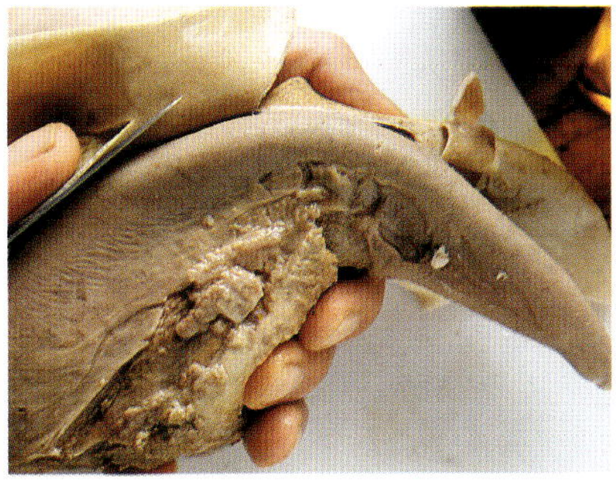

1 Salzwasser in einem großen Topf aufkochen. Die Zungen waschen, hineinlegen und zugedeckt bei schwacher Hitze in etwa 1 Std. und 10 Min. garen. Zungen herausnehmen, kalt abschrecken, häuten und von allen Knorpel- und Fettresten befreien.

2 Inzwischen Zwiebel schälen, fein hacken und in einer Pfanne in heißem Olivenöl weich dünsten. Mit Sherry ablöschen.

3 Granatäpfel quer halbieren, die Kerne mit einem Löffel herauslösen, 2 EL der Kerne aufheben, den Rest in die Pfanne geben. Mit Fleischbrühe aufgießen und etwa 20 Min. köcheln lassen, salzen und pfeffern.

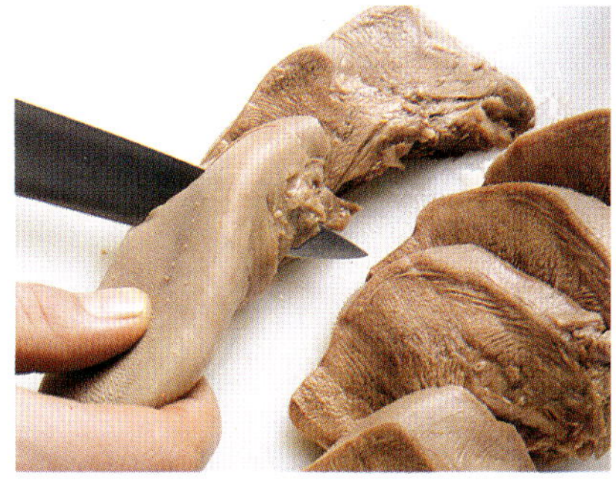

4 Zungen quer zur Faser in Scheiben schneiden. Sauce durch ein Sieb gießen, erwärmen und abschmecken. Die Zungenscheiben darin etwa 15 Min. bei schwacher Hitze ziehen lassen. Mit der Sauce auf einer vorgewärmten Platte anrichten, mit den restlichen Granatapfelkernen bestreuen. Als Beilage Safranreis reichen.

Getränke: Trockener Sherry oder Manzanilla passen hervorragend dazu.

Variante: Zungen in Walnußsauce
Anstelle der Granatäpfel 1 gehackte Knoblauchzehe, 2 gehäutete, entkernte, gehackte Tomaten, 200 ml trockenen Weißwein und 80 g gehackte Walnüsse etwa 20 Min. köcheln lassen, salzen und pfeffern. Die vorbereiteten Zungen, wie im Rezept oben beschrieben, in der Sauce etwa 15 Min. ziehen lassen. Mit Reis servieren.

Tip! Falls Sie keine Granatäpfel bekommen, können Sie auch 5–6 EL Grenadinesirup verwenden.

Lammhaxen kastilische Art

Braucht etwas Zeit

Jarrete de cordero a la castellana

Zutaten für 4 Portionen:
4 Lammhaxen (je etwa 450 g)
½ l trockener Weißwein
3 EL Weißweinessig
3 Lorbeerblätter
1 Zweig Thymian
1 Zweig Rosmarin
6 Wacholderbeeren
1 TL schwarze Pfefferkörner
1 große Zwiebel
4 Knoblauchzehen
2 Möhren
1 große Fleischtomate
Salz

Zubereitungszeit: 15 Min. (+ 12 Std. Marinieren + 1½ Std. Garen)

Pro Portion: 5000 kJ/1200 kcal

1 Lammhaxen in einen großen Bräter legen. Mit Weißwein und Weißweinessig übergießen, so daß die Lammhaxen knapp bedeckt sind. Lorbeerblätter, Thymian, Rosmarin, Wacholderbeeren und Pfefferkörner dazugeben.

2 Zwiebel und Knoblauch schälen, beides fein hacken. Möhren schälen und in kleine Würfel schneiden. Tomate überbrühen, häuten, quer halbieren, entkernen, Stielansatz entfernen und das Fruchtfleisch grob zerteilen. Das Gemüse mischen, salzen und auf den Lammhaxen verteilen.

3 Den Bräter zugedeckt über Nacht in den Kühlschrank stellen und die Lammhaxen marinieren.

4 Am nächsten Tag alles aufkochen und zugedeckt bei sehr schwacher Hitze in etwa 1½ Std. garziehen lassen. In dem Sud servieren. Als Beilage Salzkartoffeln reichen.

Getränk: Dazu paßt ein trockener Weißwein besonders gut.

Variante: Die Lammhaxen mit vorgegarten weißen Bohnen, Möhren und Gewürzen ebenso lange garen wie im obigen Rezept angegeben. Als Beilage weißes Landbrot servieren.

Kaninchen maurische Art

Aus Andalusien · Für Gäste

Conejo al estilo morisco

Zutaten für 6 Portionen:
1 Kaninchen (etwa 2 kg), möglichst vom Händler in 6 Portionsstücke hacken lassen
1 kg Zwiebeln · 1 Knoblauchknolle
100 ml Olivenöl · Salz
schwarzer Pfeffer, frisch gemahlen
1 Döschen Safran (0,2 g)
¼ l trockener Weißwein
50 g Rosinen

Zubereitungszeit: 45 Min. (+ 45 Min. Garen)

Pro Portion: 3300 kJ/790 kcal

1 Das Kaninchen, wenn noch nicht geschehen, in 6 möglichst gleich große Portionsstücke zerteilen. Den Backofen auf 160° (Gas Stufe 1) vorheizen. Zwiebeln schälen und in dünne Ringe schneiden. Knoblauch schälen und in dünne Scheiben schneiden.

2 In einem Bräter das Olivenöl erhitzen. Die Kaninchenteile bei starker Hitze von allen Seiten anbraten, kräftig salzen und pfeffern, aus dem Bräter nehmen und beiseite stellen.

3 Zwiebelringe im verbliebenen Bratfett bei schwacher Hitze glasig dünsten und die Hälfte davon herausnehmen. Die Kaninchenstücke in den Bräter auf die Zwiebeln legen. Knoblauch mit den restlichen Zwiebeln mischen und darauf verteilen.

4 Den Bräter zugedeckt in den Backofen (Mitte) stellen und alles etwa 20 Min. braten. Inzwischen Safran und Weißwein mischen und über die Kaninchenstücke gießen, die Rosinen darüber streuen. Alles in weiteren 25 Min. fertiggaren lassen. Mit weißem Landbrot servieren.

Variante: Kaninchen Jäger Art
Kaninchen zerteilen und goldbraun anbraten. 1 gehackte Zwiebel und 2 Knoblauchzehen dazugeben. Mit etwas Weißwein ablöschen, 3 grobgehackte Tomaten, 2 TL Thymian und 1 Lorbeerblatt und Rosmarinzweig dazugeben, aufkochen und zugedeckt etwa 30 Min. schmoren. 250 g halbierte Champignons nach etwa 15 Min. dazugeben. Die Sauce abschmecken und gehackte Petersilie einstreuen.

Schweinelende in Schinken

Aus Extremadura · Festlich

Solomillo de cerdo con jamon

Zutaten für 6 Portionen:
1 kg Schweinelende
Salz
schwarzer Pfeffer, frisch gemahlen
1 TL mildes Paprikapulver
250 g Serrano-Schinken in nicht zu dünnen Scheiben
500 g Perlzwiebeln (ersatzweise Schalotten)
2 EL Olivenöl
100 ml trockener Sherry Fino
¼ l Fleischbrühe

Zubereitungszeit: 35 Min. (+ 1 Std. Garen)

Pro Portion: 1900 kJ/450 kcal

1 Fleisch abspülen, trockentupfen und mit Salz, Pfeffer und Paprika einreiben.

2 Die Hälfte der Schinkenscheiben nebeneinander legen und die Schweinelende darauf setzen, die restlichen Schinkenscheiben darauf legen und das Fleisch darin einhüllen, mit Küchenzwirn festbinden. Perlzwiebeln schälen. Den Backofen auf 200° (Gas Stufe 3) vorheizen.

3 Olivenöl in einem Bräter erhitzen und das Fleisch darin bei starker Hitze rundum kräftig anbraten. Zwiebeln dazugeben und bräunen lassen.

4 Mit Sherry ablöschen und Fleischbrühe dazugießen. Den Backofen auf 180° (Gas Stufe 2) zurückschalten, den Braten in die Mitte stellen und etwa 1 Std. garen, dabei immer wieder mit der Sauce bepinseln.

5 Braten herausnehmen, in Scheiben schneiden, mit den Zwiebeln anrichten und warm stellen. Die Sauce aufkochen, abschmecken, dazu reichen.

Tip! Anstatt das Fleisch einzuwickeln, die Schinkenscheiben in Würfel schneiden und zusammen mit den Zwiebeln braten.

Serrano-Schinken

Dieser Schinken ist wohl die beliebteste kulinarische Köstlichkeit Spaniens. Das Fleisch ist von frischer roter Farbe, mit zarten Fettadern durchzogen und hat einen aromatischen, milden Geschmack. Oft wird er einfach in Scheiben oder Stücke geschnitten und als Tapa mit Weißbrot und Sherry genossen. Aber auch vielen Gerichten im ganzen Land gibt er sein typisches Aroma, und selbst die Knochen sind noch sehr begehrt zum Mitkochen in Eintöpfen. Was aber ist das Besondere? Das kleine schwarze Cerdo iberico, eine besondere Schweinerasse läuft frei herum und ernährt sich nur von Gräsern und Kräutern. Seine Keulen werden in einer Höhe von mindestens 700 Meter über dem Meeresspiegel 6 Tage in Meersalz gepökelt. Die weitere Reifung in frischer Bergluft dauert nochmals 9 bis 16 Monate, je nach Lebendgewicht des Schweines. Diese langwierige Prozedur hat ihren Preis, den Kenner aber gerne dafür bezahlen.

Serrano-Schinken wird 6 Monate gepökelt, dann luftgetrocknet.

Wildschweinragout

Aus Rioja · Festlich

Jabalí con higos en rioja

Zutaten für 4 Portionen:
1 mittelgroße Zwiebel · 2 Möhren
4 Knoblauchzehen
100 g Speck, durchwachsen, in dickeren Scheiben
800 g Wildschweinfleisch aus dem Schlegel
2 EL Olivenöl · Salz
schwarzer Pfeffer, frisch gemahlen
2 Lorbeerblätter
1 Zweig frischer oder
1 TL getrockneter Thymian
1 TL Pfefferkörner
2 Nelken · 2 EL Sherryessig
¼ l Rotwein aus Rioja
¼ l Fleischbrühe
1 Bund glatte Petersilie
100 g getrocknete Feigen

Zubereitungszeit: 45 Min.
(+ 1 Std. Garen)

Pro Portion: 3700 kJ/880 kcal

1 Zwiebel und Möhren schälen. Zwiebel hacken, Möhren klein würfeln. Knoblauch schälen und in Scheiben schneiden. Speck von der Schwarte befreien und klein würfeln.

2 Fleisch in Würfel von etwa 1½ cm Kantenlänge schneiden. Olivenöl in einem Topf erhitzen und die Fleischwürfel bei starker Hitze portionsweise darin anbraten, salzen, pfeffern und herausnehmen.

3 Speck im verbliebenen Bratfett anbraten. Zwiebel, Möhren und Knoblauch dazugeben.

4 Fleisch untermischen, Lorbeerblätter, Thymian, Pfefferkörner, Nelken und 1 Prise Salz untermischen. Mit Sherryessig und Rotwein ablöschen und die Fleischbrühe dazugießen, so daß das Fleisch knapp von Flüssigkeit bedeckt ist. Alles langsam aufkochen lassen und zugedeckt bei schwacher Hitze etwa 1 Std. garen.

5 Die Petersilie waschen, trockenschütteln, Blätter abzupfen und nicht zu fein hacken. Lorbeerblätter und Nelken herausnehmen. Die Feigen vierteln und mit der Petersilie etwa 10 Min. vor Garzeitende unter das Ragout mischen. Als Beilage Kartoffeln servieren.

Getränk: Dazu paßt ein Rioja, möglichst dieselbe Sorte, die zum Kochen verwendet wurde.

Lammragout Navarra

Festlich

Cochifrita a la navarra

Zutaten für 4 Portionen:
1 große Zwiebel
1 kg Lammfleisch aus der Schulter
150 g Speck, durchwachsen, ohne Schwarte, in dicken Scheiben
1 EL Olivenöl · 3 Knoblauchzehen
2 TL mildes Paprikapulver
Salz
schwarzer Pfeffer, frisch gemahlen
1 Zweig Rosmarin
300 ml Rotwein aus Navarra
1 Bund glatte Petersilie
Saft von ½ Zitrone

Zubereitungszeit: 25 Min. (+ 50 Min. Garen)

Pro Portion: 1600 kJ/380 kcal

1 Zwiebel schälen und fein hacken. Fleisch in mundgerechte Würfel schneiden.

2 Speck klein würfeln. Olivenöl in einem Bräter erhitzen und den Speck langsam ausbraten. Fleischwürfel bei mittlerer Hitze portionsweise darin anbraten.

3 Zwiebel untermischen, Knoblauch schälen und darüber pressen, alles in etwa 5 Min. hellbraun braten. Paprikapulver unterrühren, mit Salz und Pfeffer würzen und den Rosmarinzweig dazugeben. Rotwein dazugießen und im offenen Topf bei mittlerer Hitze um die Hälfte einkochen lassen.

4 Petersilie waschen, trockenschütteln, abzupfen und fein hacken. Zitronensaft unter das Ragout mischen und zugedeckt bei schwacher Hitze 20 Min. garen. Nochmals abschmecken, nach Geschmack nachwürzen und die Petersilie untermischen. Mit grünen Bohnen und Kartoffeln servieren.

Getränk: Rotwein aus Navarra schmeckt besonders gut dazu.

Variante: Lammragout Extremadura
Lammwürfel mit 1 Zwiebel und 8 kleingehackten Knoblauchzehen kräftig anbraten. 2 Fleischtomaten, 2 gewürfelte Paprikaschoten, 1 Nelke und 1 Lorbeerblatt dazugeben. Mit Salz, Pfeffer, Kreuzkümmel und Paprika würzen. Alles knapp mit Wasser bedecken und etwa 45 Min. garen. 3 Scheiben eingeweichtes Weißbrot nach Garzeitende unterrühren und abschmecken.

A Nº 080802

GEFLÜGEL

Geflügelgerichte stehen nach dem Fisch an zweiter Stelle auf der Beliebtheitsskala der spanischen Küche. Das rührt sicherlich noch aus Zeiten der maurischen Herrschaft, in der kein Schweinefleisch verzehrt wurde. Außer den unterschiedlichsten Zubereitungsarten für Hähnchen sind erstaunlich viele klassische Varianten für Wildgeflügel wie Wachteln, Fasane und Rebhühner zu finden, besonders in waldreichen Gegenden Spaniens. In Toledo sind Rebhühner eine berühmte Spezialität, die früher – wie auch Wachteln – ausschließlich aus freier Wildbahn kamen und heute schon zum Teil gezüchtet werden.

Enten- und Gänsebraten haben keine große Tradition in Spaniens Küchen, deshalb gibt es auch wenig Rezepte dafür; das bekannteste ist wohl die Ente auf Sevilla Art. Pute dagegen ist ein typisches Weihnachtsessen und wird in Katalonien mit einer Füllung aus Trockenfrüchten, Nüssen, Pinienkernen, Rosinen und Zimt zubereitet.

Wer schon mal auf einem spanischen Volksfest, einer Feria war, erinnert sich bestimmt an den Duft von frischgegrillten Hähnchen, die an Ständen verkauft werden. Zu Hause zieht man andere Zubereitungsarten vor. Selten brät man Hähnchen im Ganzen, sondern teilt sie lieber schon vor dem Braten in Portionsstücke. Das hat den Vorteil, daß sich das Aroma der Sauce besser mit dem Fleisch verbindet. Von der Vielfalt ihrer Zubereitungsarten können Sie sich auf den folgenden Seiten überzeugen.

Gefüllter Puter

Aus Katalonien · Weihnachtsgericht

Pavo a la catalana

Zutaten für 6–8 Portionen:
100 g Trockenpflaumen, entsteint
50 g Trockenaprikosen, entsteint
2 EL Rosinen
0,2 l Amontillado (Sherryvariante)
1 Puter, küchenfertig vorbereitet (etwa 3,5 kg)
Saft von 1 Zitrone
Salz
schwarzer Pfeffer, frisch gemahlen
50 g Speck, durchwachsen, ohne Schwarte
200 g Serrano-Schinken
80 g Schweineschmalz
6 rohe Butifarras (Schweinewürstchen)
2 Äpfel
2 EL Pinienkerne
50 g Walnüsse, grob gehackt
50 g Semmelbrösel
1 TL getrockneter Thymian
1 TL getrockneter Oregano
1 Zweig Rosmarin
2 Lorbeerblätter
3/8 l Geflügelbrühe

Zubereitungszeit: 30 Min. (+ 1 Std. Marinieren + 2 1/4 Std. Garen)

Bei 8 Portionen pro Portion: 6100 kJ/1500 kcal

1 Pflaumen, Aprikosen und Rosinen in eine Schüssel füllen, mit Sherry übergießen und etwa 1 Std. ziehen lassen.

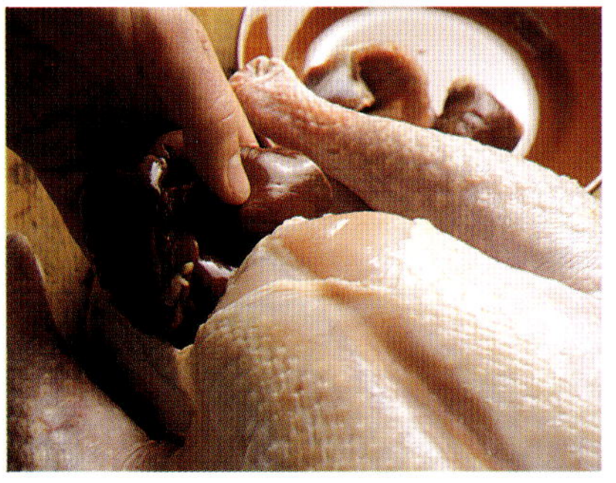

2 Innereien aus dem Puter herausnehmen. Herz und Leber beiseite legen. Den Puter unter fließendem Wasser abspülen, trockentupfen und innen sowie außen mit Zitronensaft beträufeln, salzen und pfeffern.

3 Speck und Schinken kleinschneiden. In einer Pfanne 1 EL Schweineschmalz erhitzen, die Würste aus der Pelle drücken und mit Speck und Schinken darin anbraten. Herz und Leber grob hacken und dazugeben und etwa 2 Min. mitbraten, dann alles in eine Schüssel füllen. Backofen auf 220° (Gas Stufe 4) vorheizen.

4 Äpfel schälen, vierteln, vom Kernhaus befreien und in Scheiben schneiden, zusammen mit Pinienkernen und Walnüssen auch in die Schüssel geben. Pflaumen, Aprikosen und Rosinen aus dem Sherry nehmen und dazugeben, Semmelbrösel einstreuen, mit Salz, Pfeffer, Thymian, Oregano kräftig würzen und alles gut mischen.

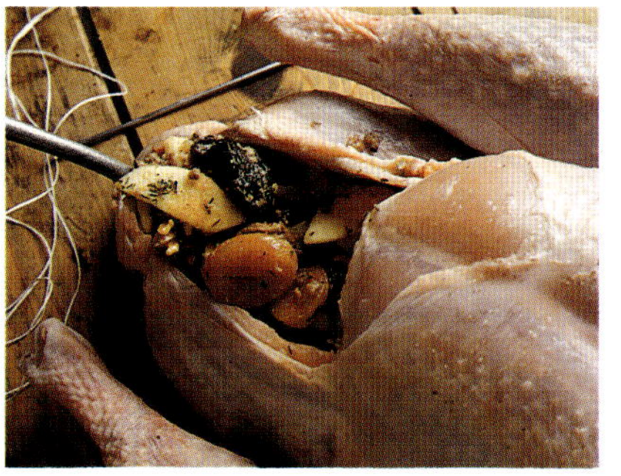

5 Puter mit der Mischung füllen und die Öffnung mit Küchenzwirn zunähen. Restliches Schweineschmalz in einem großen Bräter erhitzen und den Puter darin bei starker Hitze auf jeder Seite etwa 10 Min. anbraten.

6 Den Puter mit der Brust nach oben in den Bräter setzen, Rosmarinzweig und Lorbeerblätter dazulegen und dann im Backofen (Mitte) noch etwa 30 Min. braten. Den restlichen Amontillado von den Früchten und Brühe dazugießen, bei 180° (Gas Stufe 2) etwa 45 Min. weitergaren, und immer wieder mit der Flüssigkeit begießen.

7 Backofen ausschalten und den Puter weitere 25 Min. nachziehen lassen, dann aus dem Bräter nehmen und aufschneiden. Inzwischen die Sauce einkochen und abschmecken. Den Puter mit der Füllung und der Sauce anrichten. Mit Kartoffeln und Spinat servieren.

Hühnerbrüstchen mit Minze

Aus Sevilla · Raffiniert

Pechuga de pollo con salsa de naranja y menta

Zutaten für 4 Portionen:
2 mittelgroße unbehandelte Orangen
2 EL Olivenöl
4 Hühnerbrüstchen, gehäutet (je etwa 200 g)
Salz
schwarzer Pfeffer, frisch gemahlen
8 cl Amontillado (Sherryvariante)
1/8 l Geflügelbrühe
1/2 Bund frische Minze

Zubereitungszeit: 40 Min. (+ 20 Min. Garen)

Pro Portion: 1200 kJ/290 kcal

1 Orangen heiß abbürsten. Von einer Orange die Schale dünn schälen und die Schalenstücke in ganz feine Streifen schneiden. Diese Orange und eine halbe Frucht auspressen, die restliche Fruchthälfte in Scheiben schneiden.

2 Olivenöl in einer breiten Pfanne erhitzen, Hühnerbrüstchen darin etwa 6 Min. bei starker Hitze braten, dabei einmal wenden. Herausnehmen, auf eine Platte legen, salzen, pfeffern und warm stellen.

3 Das Fett aus der Pfanne wegkippen. Amontillado hineingießen und den Bratensatz loskochen. Orangenschalenstreifen, Orangensaft und Geflügelbrühe hinzufügen und bei starker Hitze um ein Drittel einkochen.

4 Minze abbrausen, trockenschütteln, Blättchen abzupfen und etwa 10 beiseite legen. Die restlichen Blätter fein hacken und in die Sauce rühren, mit Salz und Pfeffer würzen und die Hühnerbrüstchen etwa 10 Min. zugedeckt darin gar ziehen lassen.

5 Hühnerbrüstchen auf einer Platte anrichten, mit der Sauce übergießen und mit Minzeblättchen und Orangenscheiben garnieren. Mit Safranreis servieren.

Getränk: Ein Rosé aus Katalanien paßt besonders gut dazu.

Sherry

Sherry erhält sein besonderes Aroma durch eine Hefe, »Flor« genannt.

Der berühmte Wein aus der weißen Palomino Traube verdankt seinen Namen der andalusischen Stadt Jerez de la Frontera, denn um diesen Ort herum wird er in festgelegten Zonen angebaut. Die kreidehaltige Erde und das besondere Klima der Gegend sowie die spezielle Anbauweise machen diesen Wein einmalig. Sein besonderes Aroma erhält der Vino de Jerez während der Reife, wo er durch Luftzufuhr eine Hefe, Flor genannt, entwickelt. Ausgebaut wird der Wein im Solera-System. Dabei lagern mehrere Fässer übereinander und es werden unterschiedliche Jahrgänge miteinander verschnitten. Im obersten Faß reift der jüngste, im untersten der älteste Sherry. Jedes Jahr nimmt man aus dem untersten Faß ein Drittel heraus und füllt es mit Wein aus dem darüberliegenden Faß auf. So bleibt der Typ stets der gleiche. Der Alkoholgehalt liegt je nach Variante zwischen 15 und 20%. Der bekannteste Sherry ist der trockene strohgelbe Fino. Weitere Varianten sind der Manzanilla und der meist halbtrockene Amontillado. Auch der Oloroso ist meist halbtrocken. Cream Sherry dagegen ist durch sein süßes Aroma ein typischer Dessertwein.

Hähnchen Bäuerinnen-Art

Aus Aragonien · Gelingt leicht

Pollo a la campesina

Zutaten für 4 Portionen:
500 g Fleischtomaten
2 große rote Paprikaschoten (etwa 350 g)
1 Hähnchen, küchenfertig vorbereitet (etwa 1,2 kg)
3 EL Olivenöl · Salz
schwarzer Pfeffer, frisch gemahlen
1 TL mittelscharfes Paprikapulver
4 Knoblauchzehen
¼ l trockener Weißwein
1 kleine getrocknete Chilischote
1 Zweig Thymian · 1 Lorbeerblatt
100 g Oliven, mit Paprika gefüllt

Zubereitungszeit: 40 Min. (+ 50 Min. Garen)

Pro Portion: 2500 kJ/600 kcal

1 Backofen auf 250° (Gas Stufe 5) vorheizen. Tomaten überbrühen, häuten und achteln. Dabei Stielansatz entfernen. Paprikaschoten 20 Min. auf den Rost im Backofen (Mitte) legen. Wenn die Haut braun wird und Blasen wirft, häuten, Kerne entfernen und Fruchtfleisch in Streifen schneiden. Anschließend den Backofen auf 150° (Gas Stufe 1) zurückschalten.

2 Hähnchen in 8 Portionsteile zerlegen und in einem Bräter in Olivenöl bei mittlerer Hitze hellbraun anbraten. Mit Salz, Pfeffer und Paprika würzen. Knoblauch schälen und darüber pressen.

3 Mit Weißwein ablöschen, Chilischote, Thymian und Lorbeerblatt sowie Tomaten und Paprikastreifen dazugeben. Den Bräter zugedeckt etwa 50 Min. in den Backofen (Mitte) stellen.

4 Oliven quer in Scheiben schneiden und etwa 10 Min. vor Garzeitende in den Bräter streuen. Hähnchen mit weißem Landbrot servieren.

Getränk: Ein trockener Weißwein paßt gut dazu.

Tip! Schneller geht es, wenn Sie das Hähnchen gleich beim Geflügelhändler in Portionsteile zerlegen lassen.

Knoblauchhähnchen

Ganz Spanien · Gelingt leicht

Pollo al ajillo

Zutaten für 4 Portionen:
1 Hähnchen, küchenfertig vorbereitet (etwa 1,5 kg)
1 Knoblauchknolle
5 EL Olivenöl
Salz
schwarzer Pfeffer, frisch gemahlen
1 TL mittelscharfes Paprikapulver
¼ l trockener Weißwein
2 Lorbeerblätter
1 Bund glatte Petersilie

Zubereitungszeit: 25 Min. (+ 40 Min. Garen)

Pro Portion: 2800 kJ/670 kcal

1 Den Backofen auf 150° (Gas Stufe 1) vorheizen. Hähnchen in 8 Portionsteile zerlegen. Knoblauchknolle zerteilen, Knoblauchzehen schälen und in Scheiben schneiden.

2 Öl in einem Bräter erhitzen, Hähnchenteile darin bei mittlerer Hitze portionsweise rundum hellbraun anbraten. Herausnehmen, mit Salz, Pfeffer und Paprikapulver würzen, dann beiseite stellen und warm halten.

3 Knoblauchzehen im verbliebenen Bratfett bei schwacher Hitze andünsten. Mit Weißwein aufgießen, Lorbeerblätter einlegen und aufkochen.

4 Hähnchenteile wieder in den Bräter legen und zugedeckt im Backofen (Mitte) etwa 40 Min. garen. Petersilie waschen, trockenschütteln, mittelfein hacken und vor dem Servieren über das fertige Gericht streuen. Als Beilage wird weißes Bauernbrot gereicht, damit kann man die Sauce gut auftunken.

Getränk: Ein trockener Weißwein aus Galizien, ein Albariño, paßt sehr gut.

Tip! Mit ganz jungem, frischem Knoblauch ist das Gericht besonders köstlich.

Hähnchen baskische Art

Sehr deftig

Pollo a la vasca

Zutaten für 4 Portionen:
300 g Schalotten
2 große rote Paprikaschoten (etwa 350 g)
100 g Serrano-Schinken
4 mittelgroße grüne Paprikaschoten (etwa 600 g)
4 Knoblauchzehen
1 Hähnchen, küchenfertig vorbereitet (etwa 1,2 kg)
3 EL Schweineschmalz · Salz
schwarzer Pfeffer, frisch gemahlen
4 EL Tomatenmark
¼ l trockener Weißwein

Zubereitungszeit: 30 Min. (+ 50 Min. Garen)

Pro Portion: 2900 kJ/690 kcal

1 Backofen auf 250° (Gas Stufe 5) vorheizen. Schalotten schälen. Rote Paprikaschoten etwa 20 Min. auf den Rost im Backofen (Mitte) legen, bis die Haut Blasen wirft und braun wird. Herdtemperatur auf 150° (Gas Stufe 1) zurückschalten. Paprikaschoten häuten und Kerngehäuse entfernen. Das Fruchtfleisch in schmale Streifen schneiden.

2 Inzwischen Schinken klein würfeln. Grüne Paprikaschoten putzen, waschen und in schmale Streifen schneiden. Knoblauchzehen schälen.

3 Hähnchen in 8 Teile zerlegen, in einem Bräter in 3 EL Schweineschmalz bei mittlerer Hitze hellbraun anbraten, salzen, pfeffern und herausnehmen.

4 Zwiebeln im verbliebenen Fett hellbraun braten. Schinken und Tomatenmark unterrühren, Knoblauch dazupressen. Mit Weißwein aufgießen und Paprikastreifen dazugeben. Hähnchenteile darauf legen und zugedeckt etwa 50 Min. schmoren lassen. Mit Kartoffeln und Tomatensalat servieren.

Getränk: Ein trockener Weißwein, z.B. aus dem Riojagebiet, paßt hervorragend dazu.

Perlhuhn mit Aprikosen

Aus Katalonien · Raffiniert

Pintada al albaricoques

Zutaten für 4 Portionen:
1 große Zwiebel · 2 Möhren
2 Perlhühner (je etwa 550 g) · Salz
schwarzer Pfeffer, frisch gemahlen
3 EL Olivenöl · 2 Knoblauchzehen
4 cl spanischer Brandy
1 Stück Zimtstange
2 Lorbeerblätter
1 Bund glatte Petersilie
1 Zweig frischer oder
1 TL getrockneter Thymian
400 ml Geflügelbrühe
300 g frische oder
200 g getrocknete Aprikosen
50 g Pinienkerne
1–2 TL Rotweinessig

Zubereitungszeit: 30 Min.
(+ 1¼ Std. Garen)

Pro Portion: 1700 kJ/400 kcal

1 Zwiebel schälen und fein hacken, Möhren in Scheiben hobeln. Perlhühner innen und außen salzen und pfeffern. Die Beine mit Küchenzwirn zusammenbinden.

2 Backofen auf 180° (Gas Stufe 2) vorheizen. Olivenöl in einem Bräter erhitzen, Perlhühner darin bei mittlerer Hitze hellbraun anbraten. Zwiebel und Möhren hinzufügen und etwa 5 Min. dünsten. Knoblauch dazupressen.

3 Mit Brandy ablöschen. Zimtstange, Lorbeerblätter, Thymian und Petersilie zu den Perlhühnern geben. Mit Geflügelbrühe aufgießen und zugedeckt im Backofen (Mitte) etwa 30 Min. garen.

4 Inzwischen Aprikosen kurz in siedendes Wasser legen, eiskalt abschrekken, häuten und die Steine entfernen. Nach etwa 30 Min. zu den Perlhühnern geben und weitere 25 Min. garen. Inzwischen Pinienkerne in einer trockenen Pfanne goldbraun rösten.

5 Perlhühner herausnehmen und warm stellen. Zimtstange, Lorbeerblätter, Thymian und Petersilie aus dem Topf nehmen und wegwerfen. Sauce pürieren und im offenen Topf dicklich einkochen. Mit Salz, Pfeffer und Rotweinessig abschmecken.

6 Perlhühner von Küchenzwirn befreien, in Portionsstücke zerteilen, auf einer Platte anrichten, mit Pinienkernen bestreuen. Die Sauce getrennt dazu reichen. Mit Reis servieren.

Ente sevillanische Art

Braucht etwas Zeit · Festlich

Pato a la sevillana

Zutaten für 4 Portionen:
1 Ente, küchenfertig vorbereitet (etwa 1,8 kg)
Salz
schwarzer Pfeffer, frisch gemahlen
1 große Zwiebel
4 Knoblauchzehen
2 Möhren
1 unbehandelte Orange
3 EL Olivenöl
1 EL Mehl
1 Lorbeerblatt
1 kleine getrocknete Chilischote
½ l trockener Weißwein
200 g grüne Oliven, entsteint
1 Prise Zucker
1 EL Weißweinessig

Zubereitungszeit: 35 Min. (+ 1½ Std. Garen)

Pro Portion: 5500 kJ/1300 kcal

1 Ente kalt abspülen und trockentupfen. Innen und außen mit Salz und Pfeffer würzen. Backofen auf 250° (Gas Stufe 5) vorheizen.

2 Zwiebel und Knoblauch schälen und fein hacken. Möhren schälen und in Scheiben schneiden. Orange heiß abbürsten und in Scheiben schneiden.

3 Olivenöl in einem Bräter erhitzen und die Ente darin auf allen Seiten bei mittlerer Hitze anbraten. Zwiebel, Knoblauch und Möhren dazugeben, kurz braten und mit Mehl bestäuben. Lorbeerblatt, Chilischote und Orangenscheiben dazugeben.

4 Bräter in den Backofen (Mitte) stellen und alles etwa 20 Min. braten lassen. Dann mit dem Weißwein aufgießen, die Temperatur auf 200° (Gas Stufe 3) verringern und die Ente weitere 45–50 Min. garen.

5 Ente aus dem Bräter nehmen und auf dem Rost im ausgeschalteten Backofen etwa 15 Min. nachziehen lassen. Inzwischen Oliven in Scheiben schneiden.

6 Lorbeerblatt, Chilischote und Orangenscheiben aus dem Bräter nehmen und die Sauce um ein Drittel einkochen lassen. Mit Salz, Pfeffer, Zucker und Weißweinessig abschmecken. Oliven einstreuen und erwärmen.

7 Die Ente in Portionen teilen und die Sauce getrennt dazu reichen. Mit Kartoffeln servieren.

Getränk: Ein kräftiger Rotwein, z.B. Rioja, schmeckt besonders gut dazu.

Variante: Anstelle der Orangen können Sie auch etwa 6–8 frische, geviertelte Feigen verwenden, dann sollten Sie aber die Oliven weglassen. Auch mit Membrillo zubereitet, das ist eine dicke Quittenpaste, schmeckt die Ente sehr apart.

Info: Klassisch ist dieses Rezept mit den berühmten sevillanischen Bitterorangen, die man bei uns aber leider nicht bekommt.

Tip! Für 2 Personen können Sie statt einer ganzen Ente nur die Brüstchen kaufen.

Betrunkene Wachteln

Aus Kastilien · Geht schnell

Codornices emborrachadas

Zutaten für 4 Portionen:
4 Wachteln, küchenfertig vorbereitet (je etwa 300 g)
1 mittelgroße Zwiebel
50 g Serrano-Schinken
4 EL Olivenöl
Salz
schwarzer Pfeffer, frisch gemahlen
4 cl Brandy de Jerez
½ l trockener Weißwein
100 ml Sahne

Zubereitungszeit: 15 Min. (+ 30 Min. Garen)

Pro Portion: 3000 kJ/710 kcal

1 Wachteln längs halbieren. Zwiebel fein hacken. Schinken klein würfeln.

2 Olivenöl in einem breiten Topf erhitzen. Wachteln darin beidseitig bei mittlerer Hitze hellbraun anbraten, herausnehmen, salzen und pfeffern.

3 Zwiebel und Schinken im verbliebenen Bratfett bei schwacher Hitze etwa 3 Min. dünsten. Mit Brandy de Jerez ablöschen, Weißwein dazugießen und aufkochen.

4 Wachtelhälften hineinlegen und zugedeckt bei schwacher Hitze etwa 30 Min. schmoren lassen. Anschließend herausnehmen und warm stellen. Sahne in die Sauce gießen und im offenen Topf um knapp ein Drittel einkochen, mit Salz und Pfeffer abschmecken. Wachteln mit der Sauce anrichten. Mit Reis oder Kartoffeln servieren.

Variante:
Wachteln in Schokoladensauce
Wachteln goldbraun braten, würzen, und warm stellen. 1 gehackte Zwiebel und 2 Knoblauchzehen weich dünsten. Mit ¼ l Rotwein ablöschen, zugedeckt etwa 15 Min. köcheln. Danach Wachteln in den Sud legen und etwa 8 Min. ziehen lassen. Dann 3 EL Rotweinessig und 3 EL geraspelte Bitterschokolade in den Sud rühren und langsam erwärmen, bis die Schokolade geschmolzen ist und die Sauce dicklich wird. Über die Wachteln gießen, sofort servieren.

Täubchen Toledo

Festlich

Pichones a la toledana

Zutaten für 4 Portionen:
2 Zwiebeln
5 Knoblauchzehen
4 Tauben, küchenfertig vorbereitet (je etwa 300 g)
4 EL Olivenöl · Salz
schwarzer Pfeffer, frisch gemahlen
8 cl trockener Sherry Fino
1 EL Sherryessig

Zubereitungszeit: 20 Min. (+ 40 Min. Garen)

Pro Portion: 2900 kJ/690 kcal

1 Zwiebeln schälen und fein hacken, Knoblauchzehen ungeschält etwas andrücken.

2 Tauben vierteln, in einem breiten Topf in heißem Olivenöl portionsweise bei mittlerer Hitze hellbraun anbraten, salzen und pfeffern. Zwiebeln und Knoblauchzehen dazugeben. Mit Sherry ablöschen, Sherryessig dazugießen und zugedeckt bei schwacher Hitze etwa 40 Min. garen lassen.

3 Tauben herausnehmen und warm stellen. Sauce im offenen Topf bei starker Hitze etwa 3 Min. einkochen. Sauce durch ein Sieb gießen und, falls nötig, nachwürzen. Dazu weißes Landbrot servieren.

Getränk: Dazu paßt ein trockener Sherry Fino besonders gut.

Variante: Sie können 2 gehäutete, entkernte und grobgehackte Fleischtomaten und 100 g entsteinte, grüne Oliven mitschmoren. Das macht das Gericht etwas deftiger.

Tip! Anstelle des Sherrys können Sie auch trockenen Weißwein verwenden, der dann aber auch als Getränk besser paßt.

DESSERTS & GEBÄCK

Eine Schüssel süßer Erdbeeren aus Katalonien im Frühling, ein Schnitz eisgekühlte Melone aus Murcia an einem heißen Augusttag, frisch gepflückte, saftige Orangen aus Valencia im Dezember!. Was will man mehr? Frische Früchte sind in Spanien das ganze Jahr über Favorit als Abschluß eines schönen Essens. Kein Wunder, bei dieser paradiesischen Sortenvielfalt. Doch es gibt auch eine Anzahl anderer Desserts, deren Ursprung teilweise bis ins 17. Jahrhundert zurückreicht. Bei Tocino de cielo, einer üppigen Creme aus Eigelb und Zucker, ist das der Fall. Sherry wurde früher mit Eiweiß geklärt, und das übrig gebliebene Eigelb den Klöstern gespendet. Die Nonnen ver-arbeiteten es meisterhaft zu köstlichen Süßigkeiten. Diese Tradition hat sich bis heute erhalten.
In Andalusien bestellt man seinen Nachtisch oder sein Weihnachtsgebäck immer noch im örtlichen Kloster. Gerade bei Süßspeisen ist das maurische Erbe noch sehr spürbar. Gebäck aus Nüssen und Mandeln, wie die Torta de Almendras, die Mandeltorte, sind ein Beispiel dafür. Oft wird in Spanien zu besonderen Anlässen wie Ostern oder Feiertagen spezielles Gebäck oder Konfekt zubereitet. Turron, das Konfekt aus Mandeln und Honig, ist ebenso wie viele andere Süßigkeiten ein maurisches Vermächtnis. Ursprünglich war es eine Spezialität, die es nur zu Weihnachten gab. Heute ist das Konfekt das ganze Jahr über zu bekommen. Berühmt ist auch das Marzipan von Toledo, dort sollen Nonnen des San Clement das Rezept entwickelt haben. Die Herstellung geht bis ins 13. Jahrhundert zurück und das Konfekt hat bis heute nichts von seiner Attraktivität eingebüßt – Marzipan aus Toledo ist ein sehr beliebtes Mitbringsel.

Mandeltorte

Aus Andalusien · Für Gäste

Torta de almendras

Zutaten für 8–12 Stücke, für 1 Springform von 26 cm Ø:

Für den Teig:
200 g Mehl
50 g Zucker
100 g Butter
1 Ei · 1 EL Milch

Für die Füllung:
150 g Mandeln, ungeschält
4 Eier
50 g Zucker
4 EL Cream Sherry
abgeriebene Schale von 1 unbehandelten Zitrone
1 Prise Salz

Zubereitungszeit: 25 Min. (+ 30 Min. Ruhen + 30 Min. Backen)

Bei 12 Stücken pro Stück: 1300 kJ/310 kcal

1 Aus Mehl, Zucker, Butter, Ei und Milch einen Mürbeteig kneten. Den Teig zur Kugel formen und etwa 30 Min. im Kühlschrank ruhen lassen.

2 Mandeln mit kochendem Wasser überbrühen, in ein Sieb schütten und mit eiskaltem Wasser abschrecken. Die Mandeln durch Fingerdruck aus den braunen Schalen drücken, trockentupfen und fein mahlen. Eier trennen. Eigelb und Zucker schaumig schlagen. Gemahlene Mandeln, Cream Sherry und abgeriebene Zitronenschale untermischen.

3 Eiweiß mit Salz zu sehr steifem Schnee schlagen. Den Eischnee gleichmäßig unter die Masse heben. Dann den Backofen auf 220° (Gas Stufe 4) vorheizen.

4 Form einfetten, den Teig auf einer bemehlten Arbeitsfläche ausrollen. Die Form sorgfältig damit auskleiden und einen etwa 3 cm hohen Rand formen. Mandelmasse gleichmäßig auf dem Teig verteilen und glattstreichen. Kuchen im vorgeheizten Backofen (Mitte) etwa 30 Min. backen. Falls die Oberfläche zu dunkel wird, mit Alufolie abdecken. Die Mandeltorte auf einem Küchengitter abkühlen lassen.

Tip! Die Mandeltorte schmeckt ganz frisch und mit Sahne besonders köstlich.

Mandeln werden vom Baum geschlagen und in Netzen aufgefangen.

Mandeln

Mandeln waren ursprünglich in Asien beheimatet. Sie sind die Samen der pfirsichartigen Früchte des Mandelbaumes. Nach Spanien wurden sie von den Mauren gebracht und sind seither aus der spanischen Küche nicht mehr wegzudenken. Für zahlreiche süße wie salzige Gerichte sind sie eine unverzichtbare Zutat. Es gibt grundsätzlich zwei Arten von Mandeln, die süßen Mandeln und die Bittermandeln. Süße werden ungeschält, geschält, gestiftelt, gemahlen sowie gehackt und gehobelt verkauft. Saucen bekommen beispielsweise ein unverwechselbares Aroma und gelingen besonders gut, wenn man sie mit feingemahlenen Mandeln bindet. Es ist aber empfehlenswert, ungeschälte Mandeln zu kaufen. Sie sind durch ihre dünne braune Haut geschützt und haben so Frische und Aroma besser behalten als die aus der Tüte. Bittermandeln werden nur in ganz kleinen Dosen als Geschmackszutat verwendet.

Kuchen mit Schafkäse

Aus Ibiza · Gut vorzubereiten

Flao

Für 8–12 Stücke, für 1 Springform von 26 cm Ø:
300 g Mehl · 1 Prise Salz
4 EL Anisschnaps
4 EL Olivenöl
4 Eier · 175 g Zucker
400 g frischer, weicher Schafkäse (ersatzweise Magerquark)
1 Bund frische Minze
Fett für die Form
Puderzucker zum Bestäuben

Zubereitungszeit: 30 Min. (+ 40 Min. Backen)

Bei 12 Stücken pro Stück: 1300 kJ/310 kcal

1 Mehl in eine Schüssel sieben. Salz, Anisschnaps, Olivenöl und 4 EL Wasser hinzufügen. Alles zu einem geschmeidigen Teig verarbeiten, zu einer Kugel formen und etwa 30 Min. zugedeckt ruhen lassen.

2 Inzwischen Eier mit Zucker in einer Schüssel schaumig schlagen. Schafkäse mit einer Gabel gut zerdrücken und die geschlagenen Eier mit dem Schneebesen unterrühren.

3 Den Backofen auf 220° (Gas Stufe 4) vorheizen.

4 Minze waschen, trockenschütteln, Blätter abzupfen und grob hacken und unter die Quarkmasse mischen.

5 Eine Form einfetten, den Teig dünn ausrollen und hineinlegen, dabei einen Rand von etwa 4 cm formen. Die Füllung gleichmäßig darauf verteilen und glattstreichen.

6 Den Kuchen im vorgeheizten Backofen (Mitte) 30–40 Min. backen. Den fertigen Flao auf einem Gitter auskühlen lassen und mit etwas Puderzucker bestäuben.

Mandelnougat

Aus Alicante · Gut vorzubereiten

Turron de Jijona

Für 20–25 Stücke:
620 g Mandeln, ungeschält
400 g Puderzucker
100 g flüssiger Honig
2 Eiweiß
Öl zum Einfetten

Zubereitungszeit: 20 Min. (+ 1 Woche Trocknen)

Bei 25 Stücken pro Stück: 960 kJ/230 kcal

1 Mandeln überbrühen und aus den Häutchen drücken. Geschälte Mandeln abtrocknen und in einer trockenen Pfanne unter Rühren goldgelb rösten. Etwa 70 g ganz lassen, den Rest fein mahlen.

2 Den Puderzucker mit den Mandeln in eine Schüssel geben (20 Mandeln für die Dekoration beiseite legen). Honig hineingießen und das Eiweiß dazugießen. Alles gründlich verrühren.

3 Die Masse zu einem Barren von etwa 6 cm Breite und 20 cm Länge formen. Die 20 Mandeln oben eindrücken. Den Barren auf ein Stück geöltes Pergamentpapier setzen und an einem kühlen Platz etwa 1 Woche trocknen lassen.

4 Zum Servieren in 20–25 Scheiben schneiden.

Info: Turron war ursprünglich ein typisches Weihnachtskonfekt. Heute gibt es ihn auf unterschiedlichste Art das ganze Jahr über. Als Konfekt schmeckt er zum Kaffee, oder einfach zum Naschen. Auch schön als Mitbringsel.

Wichtiger Hinweis: Bitte verwenden Sie nur ganz frische Eier von freilaufenden Hühnern, um das Salmonellenrisiko zu verringern.

Gebratene Puddingschnitten

Ganz Spanien · Braucht etwas Zeit

Leche frita

Zutaten für 4 Portionen, 18–36 Stück:
140 g Butter · 250 g Mehl
120 g Zucker · ¼ l Milch
1 Stück Zimtstange
je 1 Stück Schale von
1 unbehandelten Zitrone und
1 Orange
4 Eier · Öl für die Form
100 g feine Semmelbrösel
8 EL Olivenöl zum Ausbacken
Puderzucker und Zimt zum
Bestäuben

Zubereitungszeit: 50 Min.
(+ 3–12 Std. Kühlen)

Pro Dreieck: 480 kJ/120 kcal
Pro Viereck: 950 kJ/240 kcal

1 Butter in einem Topf langsam schmelzen. 200 g des Mehls unterrühren, aufwallen lassen und den Zucker untermischen.

2 Milch mit Zimtstange, Zitronen- und Orangenschale zum Kochen bringen. Heiß unter die Mehlmischung rühren.

3 Eier trennen, Eiweiß kalt stellen. Den Topf vom Herd nehmen, Zimtstange und Schalen entfernen und wegwerfen. Eigelb mit dem Handrührer nacheinander unter die Masse arbeiten. Eine rechteckige Form, etwa 28 x 15 cm, mit Öl auspinseln, die Masse etwa 3 cm hoch einfüllen und mindestens 3 Std., am besten aber über Nacht, im Kühlschrank fest werden lassen.

4 Die Masse in Dreiecke oder Vierecke von etwa 5 cm Kantenlänge schneiden. Das Eiweiß verquirlen, die Cremestücke erst im restlichen Mehl wenden, dann durch das Eiweiß ziehen und mit den Semmelbröseln panieren.

5 Olivenöl in einer Pfanne erhitzen und die panierten Teilchen darin beidseitig goldgelb ausbacken. Auf einem Teller anrichten und mit Puderzucker und Zimt bestäuben. Warm oder kalt servieren.

Tip! Püree oder Kompott aus Beeren oder Früchten paßt sehr gut dazu.

Churros

Ganz Spanien · Etwas schwieriger

Fritiertes Spritzgebäck

Zutaten für 25–30 Stücke:
1 Prise Salz
300 g Mehl
Olivenöl zum Fritieren
Puderzucker zum Bestäuben

Zubereitungszeit: 45 Min.
(+ 10 Min. Ruhen + 10 Min. Fritieren)

Bei 30 Stücken pro Stück:
1200 kJ/290 kcal

1 In einem Topf ½ l Wasser mit Salz aufkochen.

2 Den Topf vom Herd nehmen und das Mehl hineinsieben. Mit den Knethaken des Handrührgeräts so lange durcharbeiten, bis ein dicker Teig entstanden ist. Der Teig ist fertig, wenn er sich leicht vom Topfboden löst. Den Teig zugedeckt etwa 10 Min. ruhen lassen.

3 Olivenöl in einem Topf erhitzen. Den Teig in einen Spritzbeutel füllen und portionsweise kringelartig in das heiße Olivenöl spritzen. Goldgelb darin ausbacken, mit einem Schaumlöffel herausheben und auf Küchenpapier abtropfen lassen. So fortfahren, bis der Teig aufgebraucht ist.

4 Die fertigen Churros nach Belieben mit Puderzucker bestreuen. Ganz frisch essen.

Info: Es gibt in Spanien spezielle Churrerias, die ausschließlich Churros, immer wieder frisch, ausbacken und portionsweise verkaufen. Ganz frisch sind sie am besten.

Tip! Churros ißt man nach durchtanzten Festen mit einer dicken, heißen Schokolade. Es gibt auf den Ferias spezielle Stände dafür. Ansonsten ißt man sie zum Frühstück mit Kaffee.

Katalanische Creme

Etwas schwieriger

Crema catalana

Zutaten für 4 Portionen:
½ l Milch
1 Vanilleschote
1 Stück Zimtstange
2 Eier
4 Eigelb
80 g Zucker

Für die Karamelschicht:
100 g Zucker

Zubereitungszeit: 45 Min.
(+ 1½ Std. Kühlen)

Pro Portion: 1500 kJ/360 kcal

1 Milch in einen Topf gießen. Vanilleschote aufschlitzen, Vanillemark herauskratzen und mit der Schote in die Milch geben. Zimtstange hinzufügen und alles langsam aufkochen. Topf vom Herd nehmen.

2 Eier mit Eigelb und Zucker in eine Schüssel geben und mit dem Schneebesen in 10–15 Min. zu einer hellgelben, cremigen Masse schlagen.

3 Vanilleschote und Zimtstange aus der Milch nehmen. Die Milch in dünnem Strahl in die Eiercreme rühren.

4 Die Schüssel in ein leicht siedendes Wasserbad stellen und etwa 15 Min. mit dem Schneebesen schlagen, bis die Creme richtig dickflüssig geworden ist.

5 Vanillecreme in vier Portionsschälchen füllen, abkühlen lassen und für etwa 30 Min. kalt stellen.

6 Den restlichen Zucker mit knapp ⅛ l Wasser bei geringer Hitze köcheln, bis eine braune Karamelsauce entsteht. Diese heiß über die Creme gießen, damit der Zucker fest wird und wie eine Schicht auf der Creme liegt. Nochmals kalt stellen, gut gekühlt servieren.

Variante: Sie können auch die Zuckerschicht weglassen, und dafür gedünstete Birnen zu der Creme servieren.
Pro Person eine Birne schälen, halbieren und entkernen. Die Früchte mit dem Saft von 1 mittelgroßen Orange, 200 ml Malaga oder trockenem Oloroso sowie 50 g Rosinen, 50 g gehackten Mandeln und 2 Nelken in eine Auflaufform geben. Im auf 200° (Gas Stufe 3) vorgeheizten Backofen (Mitte) etwa 30 Min. garen. Warm oder abgekühlt mit der Creme servieren.

»Himmelsspeckchen«

Aus Andalusien · Gut vorzubereiten

Tocino de cielo

Zutaten für 4 Portionen:
120 g Zucker
8 Eigelb
abgeriebene Schale von 1 unbehandelten Zitrone
Bittermandelöl zum Auspinseln der Förmchen

Zubereitungszeit: 10 Min. (+ 10 Min. Garen + 30 Min. Kühlen)

Pro Portion: 1100 kJ/260 kcal

1 Zucker in einem kleinen Topf mit 1/8 l Wasser zu einem dicken Sirup kochen.

2 Eigelb verquirlen, mit dem Zuckersirup mischen und durch ein feines Sieb gießen. Zitronenschale dazugeben.

3 Eine flache Form oder 4 Portionsförmchen mit je etwa 1/8 l Inhalt mit Bittermandelöl auspinseln und die Mischung hineingießen.

4 In einem breiten Topf ein leicht siedendes Wasserbad vorbereiten. Die Form oder die Förmchen hineinstellen und den Topf zudecken. Nach etwa 10 Min. Garzeit durch Fingerdruck überprüfen, ob die Himmelsspeckchen schon fest geworden sind. Die Oberfläche sollte auf Fingerdruck federnd nachgeben. Wenn das nicht der Fall ist, die Garzeit um einige Min. verlängern.

5 Die fertigen Himmelsspeckchen abkühlen lassen, stürzen und für mindestens 30 Min. kalt stellen. Gut gekühlt ein besonderer Genuß.

Quarkbällchen

Von den Kanaren · Gelingt leicht

Bollos de cuajada

Zutaten für 4–6 Portionen:
500 g Magerquark
4 Eier
1 TL Zimt
abgeriebene Schale von 1 unbehandelten Zitrone
4 gehäufte EL Mehl
Olivenöl zum Ausbacken
70 g flüssiger Honig

Zubereitungszeit: 30 Min. (+ 10 Min. Ruhen)

Bei 6 Portionen pro Portion: 960 kJ/230 kcal

1 Magerquark in einem Sieb gut abtropfen lassen, dann mit einer Gabel zerdrücken.

2 Eier in einer Schüssel verquirlen. Zimt, Zitronenschale und Magerquark hinzufügen und zu einer dicken Masse verarbeiten. Die Hälfte des Mehls dabei einstreuen. Den Teig zugedeckt etwa 10 Min. ruhen lassen.

3 Mit bemehlten Händen aus der Masse etwa walnußgroße Kugeln formen. Öl in einer Pfanne mit hohem Rand erhitzen und die Kugeln darin goldgelb ausbacken, auf Küchenpapier etwas abtropfen lassen.

4 Quarkkugeln auf einer Platte oder Teller anrichten und mit dem Honig begießen. Sofort servieren.

Info: Die Quarkbällchen gibt es traditionell zu Karneval auf den Kanarischen Inseln.

Typische Menüzusammenstellungen

In Spanien fällt je nach Lebensweise der einzelnen Familien das Mittagessen oder Abendessen üppiger aus. Hat man die Zeit, besteht das Mittagsmenü zu Hause in der Regel aus drei Gängen. Erst gibt es eine leichte Vorspeise, dann einen Hauptgang und ein Dessert bildet den Abschluß. Alle Gänge werden von Weißbrot begleitet, außerdem ist eine Karaffe mit Wasser obligatorisch. Zum Essen trinkt man außerdem gerne einen leichten Tischwein und im Sommer Tinto con casera, das ist eine Mischung aus Rotwein und Zitronenlimonade. Nach dem Essen gibt es Kaffee und Brandy, den aber nur nach festlichen Menüs oder bei Geschäftsessen.
Das Abendessen fällt nach einem ausgedehnten Mittagessen natürlich etwas kleiner aus. Für Berufstätige, die Mittags außer Haus essen, gilt das natürlich nicht. Hier freut man sich auf ein ausgedehntes Essen am Abend, das in der Regel auch aus drei Gängen besteht.
Zu einem richtigen Familienfest wird das Essen am Wochenende. Es ist fast schon »heilige« Tradition, daß man sich in großer Runde zu einem ausgedehnten Essen trifft, das aus vielen Gängen besteht.
Zu besonderen Festen gibt es natürlich auch spezielle Speisen. Während der Karwoche zum Beispiel werden Gerichte aus Stockfisch oder Gemüsetöpfe gegessen. Zu Weihnachten sind gefüllter Puter oder gegrillter Fisch die Favoriten, danach darf eine Mandel- oder Nußsuppe nicht fehlen. Das Gebäck um diese Zeit ist besonders köstlich aber auch die Nougatspezialität Turron und Marzipan sind beliebte Desserts.

Kleine Menüs für jeden Tag

Sommersalat 38
Knoblauchhähnchen 118
Pfirsich in Rotwein *

Garnelenomelette 40
Schweinelende Malaga 101
Piperrada 78
Mandeltorte 128

Safran-Mandel-Suppe 50
Forellen Navarra-Art 93
Spinat Sacromonte 68
Fruchtsalat *

Wenn's schnell gehen muß

Knoblauchsuppe 53
Hühnerbrüstchen mit Minze 116
Verschiedene Früchte *

Kalte Trauben-Mandel-Suppe 58
Eier mit Gemüse 79
Eiscreme *

Knoblauchgarnelen 42
Seehecht mit Kapern 88
Grüner Salat *
Gedünstete Birnen in Weißwein *

Hühnerbrüstchen in Sherry 44
Goldbrasse in Salzkruste 90
Gebratene Banane *

Piperrada 78
Jakobsmuscheln galizisch 84
Eis mit Früchten *

Tomatensalat *
Thunfisch-Kasserolle 89
Frische Erdbeeren mit Zucker *

Menüs für heiße Tage

Gazpacho 58
Zunge mit Granatapfel 105
Reis mit Pinienkernen und Rosinen *
Fruchtsorbet *

Eingelegte Sardellen 47
Kalte Knoblauchsuppe 53
Jakobsmuscheln galizisch 84
Kalter Milchreis *

Russischer Salat 40
Fischsuppe 55
Perlhuhn mit Aprikosen 121

Kalte Trauben-Mandel-Suppe 58
Hühnerbrüstchen mit Minze 116
Fruchteis *

Möhrensalat 37
Knoblauchgarnelen (doppelte Portion wie im Rezept angegeben) 42
Honigmelone mit Cream Sherry *

Menüs für die kalte Jahreszeit

Geflügelkroketten 37
Kuttelsuppe 56
Apfel mit Malvasier *

Überbackene Zucchini 74
Gefüllte Champignons 45
Linseneintopf 53
Katalanische Creme mit gedünsteten Birnen 134

Nierchen in Sherry 34
Russischer Salat 40
Kichererbseneintopf 60
Mandelnougat 131

Tip! Die deftigen Eintöpfe wie Linseneintopf 53, Kichererbseneintopf 60 und Asturianischer Bohnentopf 61 eignen sich auch gut als Mitternachtssuppen.

Gut vorzubereiten

Perlzwiebeln in Sherryessig 33
Maurische Fleischspieße 39
Linseneintopf 53
Gebratene Puddingschnitten 132

Gemüseragout 68
Hähnchen Bäuerinnen-Art 118
Katalanische Creme 134

Überbackene Zucchini 74
Tortilla de patatas 76
Seebrasse aus dem Ofen 86
Vanilleeis mit frischen Feigen *

Gefüllte Champignons 45
Kaninchen maurische Art 107
Fruchtsalat *

Safran-Mandel-Suppe 50
Ochsenschwanzragout 102
Fruchtsorbet *

Eingelegte Sardellen 47
Kalbfleisch La Mancha 98
Kuchen mit Schafkäse 131

Vegetarische Menüs

Russischer Salat 40
Kichererbseneintopf 60
Auberginen Alpujarra 72
Gebratene Artischocken 67
Kuchen mit Schafkäse131

Sommersalat 38
Tortilla de patatas 76
Gemüseplatte 70
Manchego-Käse mit Quittenspeck *
Vanillecreme *

Marinierte Paprikaschoten 34
Reis mit Pinienkernen und Rosinen *
Melone in Rotwein *

Landbrot mit Tomaten und Olivenöl *
Manchego-Käse und gefüllte Oliven *
Spinat Sacromonte 68
mit Reis *
Quarkbällchen 136

Perlzwiebeln in Sherryessig 33
Marinierte Paprikaschoten 34
Gazpacho 58
Tortilla de patatas 76
Apfel mit Malvasier *

Menüs aus Fisch und Meeresfrüchten

Knoblauchgarnelen 42
Sommersalat 38
Zarzuela 82
Mandeltorte 128

Eingelegte Sardellen 47
Herzmuscheln Fischer-Art 94
Stockfisch in Ölsauce 93
Gemüseplatte 70
Katalanische Creme 134

Marinierte Paprikaschoten 34
Garnelenomelette 40
Fischsuppe 55
Jakobsmuscheln galizisch 84
Zitronensorbet *

Tapas-Party

Eine Besonderheit in der spanischen Küche sind Tapas.Warum laden Sie nicht mal zu einer Tapas-Party ein? Dazu gehört reichlich trockener Sherry, selbstverständlich gut gekühlt. Dann sollten Sie Serrano-Schinken und Manchego-Käse aufschneiden und auf Platten anrichten. Oliven, Salzmandeln und Pistazien in kleinen Schalen bereitstellen und frisch aufgeschnittenes Weißbrot, in kleinen Körben. Dazu können Sie eine Auswahl verschiedener kalter und warmer Tapas anbieten. Hier einige Beispiele von Gerichten, die sich wunderbar vorbereiten lassen und Ihnen die Zeit lassen, sich Ihren Gästen zu widmen:

Eingelegte Sardellen 47
Russischer Salat 40
Sommersalat 38
Perlzwiebeln in Sherryessig 33
Marinierte Paprikaschoten 34
Tortilla de patatas, kalt oder warm 76

Mit folgenden Vorschlägen können Sie die Auswahl erweitern, allerdings müssen die Gerichte frisch zubereitet oder warm gehalten werden, eventuell auf Stövchen, oder Sie können sie kurz in der Mikrowelle erhitzen:

Fleischbällchen 32
Hühnerbrüstchen in Sherry 44
Maurische Fleischspieße 39
Geflügelkroketten 37

Außerdem können Sie zusätzlich einen Eintopf im Winter, wie
Asturianischen Bohnentopf 61
Kichererbseneintopf 60
oder Linseneintopf 53
vorbereiten.

Im Sommer empfiehlt sich eine gut gekühlte Gazpacho 58,
die sich wie die Eintöpfe auch sehr gut vorbereiten läßt.

Picknick

Auch ein Picknick können Sie wunderbar aus den Rezepten in diesem Buch zusammenstellen. All dies sind Gerichte, die man vorbereiten und auch prima transportieren kann:

Russischer Salat 40
Tortilla de patatas, kalt 76
Fleischbällchen 32,
am besten Bällchen und Tomatensauce getrennt transportieren, kalt natürlich.
Kuchen mit Schafkäse 131
Maurische Fleischspieße 39,
sie können vor Ort gegrillt, aber auch schon gegart mitgenommen werden.
Ansonsten brauchen Sie nur noch reichlich Brot, Getränke und Obst, dann wird das Picknick rundum gelingen.

Alle diese Vorschläge eignen sich auch für eine Sommerparty auf der Terrasse, dann können Sie die Gerichte schön als Buffett arrangieren und dazu Sangria 142, die berühmte Rotweinbowle mit Früchten reichen.

Gästemenüs

Geflügelkroketten 37
Knoblauchsuppe 53
Paella 64
Katalanische Creme 134

Trauben-Mandel-Suppe 58
Betrunkene Wachteln, pro Person
  ½ Wachtel als Vorspeise 125
Goldbrasse in Salzkruste mit Romesco-Sauce 90
Piperrada 78
Quarkbällchen 136

Geflügelkroketten 37
Garnelenomelette 40
Marinierte Paprikaschoten 34
Oliven und Salzmandeln *
  (als kleine Häppchen im Stehen)
Safran-Mandel-Suppe 50
Lachs asturianische Art 86
Täubchen Toledo 125
Gemischter Salat *
Himmelsspeckchen (Eiercreme) 136

Weihnachtsmenü

Fischsuppe 55
Seebrasse aus dem Ofen 86
Gefüllter Puter 114
  – mit Rotkohl oder Spinat *
Mandelnougat 131
Marzipan *
und anderes Weihnachtsgebäck
Anisschnaps mit Rosinen

* Diese Gerichte sind in dem Buch nicht als Rezept aufgeführt. Alle Zutaten gibt es in gutsortierten Supermärkten und in spanischen Spezialitätenläden zu kaufen.

Glossar

Abondigas: Hackbällchen, die aus Fleisch, Fisch oder Geflügel sein können und meistens als Tapa in einer Sauce gereicht werden.

Aceite: Olivenöl wird in fast allen Gerichten verwendet. Es gibt viele verschiedene Qualitäten Olivenöl. Kühl und dunkel aufbewahrt, ist es lange haltbar.

Aceitunas: Oliven, S. 71.

Aioli: Knoblauchmayonnaise aus Öl, Eigelb, Knoblauch und Zitronensaft. Schmeckt köstlich zum Bauernbrot, zu gegrilltem Fisch oder Fleisch und zu Kartoffeln.

Ajo: Knoblauch, S. 42.

A la plancha: Auf einer heißen eingeölten Grillplatte werden vorbereitete Fische, Meeresfrüchte, aber auch Fleisch kurz von beiden Seiten gebraten.

Alcachofa: Artischocke. Der Geschmack der Artischocke, die reich an Vitaminen ist, ist fein-herb und zartbitter. Sie ist wegen ihrer appetitanregenden Wirkung eine beliebte Vorspeise.

Alcaparra: Kapern. Die grünen, noch geschlossenen Blütenknospen des Kapernstrauches werden meist in eine Essig-Salz-Lake eingelegt.

Al horno: Im Ofen über- bzw. gebacken und geschmort.

Almeja: Venusmuschel. Sie wird hauptsächlich in Galizien gezüchtet. Am liebsten ißt man sie in Weißweinsauce.

Almendra: Mandel. S.128. In spanischen Gerichten werden traditionell keine gemahlenen Mandeln aus dem Päckchen benutzt. Man macht sich die Mühe, sie zu überbrühen, aus den Schalen zu drücken und schließlich zu mahlen und wird durch den unverwechselbaren Geschmack belohnt.

Amontillado: Sherrytyp aus der Familie der Finos. Er wird nur selten trocken, meistens halbtrocken angeboten und ist bernsteinfarben und vollmundig im Geschmack.

Angulas: Glasaale. Die jungen Glasaale sind nur in Spanien zu finden und stehen Hummer und Langusten weder im Preis noch im feinen Geschmack nach.

Arroz: Reis. Er kommt aus der Levante, um Valencia. Die besonders grobkörnige Rundkornsorte ist ideal für Paella und andere Reisgerichte. Bei uns ist er nur im Spezialgeschäft zu finden. Ersatzweise können Sie auch Avorio oder Vialone aus Italien verwenden.

Aves: Geflügel. Diese Gerichte sind nach Fischgerichten die beliebtesten in Spanien.

Azafran: Safran, S. 50.

Bacalao: Stockfisch. Das ist ein gesalzener Kabeljau, der luftgetrocknet wird. Es gibt ihn nur in spanischen Spezialitätenläden und er muß unbedingt 24 Std. gewässert werden.

Berenjenas: Auberginen

Besugo: Meerbrasse. Dieser Fisch lebt vor allem im Atlantik und im Mittelmeer. Er wird am liebsten im Ganzen im Ofen gegart oder gegrillt.

Bocadillo: Etwa 20 cm langes Stangenweißbrot, köstlich mit Schinken, Tomaten, Käse oder gegrilltem Fleisch belegt. In beinahe jeder Bar zu bekommen.

Boqueron: Sardelle oder Anchovis, die meist mariniert oder fritiert, aber auch gegrillt gegessen wird.

Café con leche: Milchkaffee, er wird am liebsten morgens getrunken.

Café solo: Schwarzer Kaffee, der am liebsten nach dem Essen getrunken wird.

Callo: Kutteln oder Kaldaunen. Das ist der Netzmagen vom Rind, der gereinigt, entfettet, gewässert, blanchiert und etwa 10 Std. weich gekocht werden muß. Es ist daher zu empfehlen, die Kutteln beim Metzger vorzubestellen, wo Sie sie bereits fertig vorbereitet kaufen können.

Cava: Sekt, der nach der »méthode champenoise« hergestellt wird. Entsprechend stehen die Cava-Spitzenqualitäten ebenbürtig neben den Champagnern und haben dennoch ihre völlig eigene Note.

Cebolla: Zwiebel. Sie ist in Spanien eine unerläßliche Zutat, egal ob es sich um Suppen, Gemüse-, Fleisch- oder Fischgerichte handelt.

Cerdo: Schwein. Es kommt in vielen Gerichten in ganz Spanien vor. Auch die berühmten spanischen Bergschinken und Würste sind aus Schweinefleisch gemacht.

Chorizo: Luftgetrocknete Paprikawurst, S. 56.

Chuletas: Koteletts

Comino: Kreuzkümmel. Dieses Gewürz wurde von den Mauren nach Spanien gebracht. Heute schätzt man seinen unverwechselbaren, scharfen Geschmack besonders im Süden Spaniens. Man kann ihn als ganzen Samen oder als Pulver kaufen.

Cream Sherry: Ein Dessertwein, voll, süß und schwer.

Dorada: Goldbrasse. Dieser Fisch ist der beliebteste aus der Familie der Meerbrassen. Er kann bis zu 7 kg schwer und 70 cm lang werden. Sein Fleisch ist fest, schmeckt gut und ist arm an Gräten.

Dulce: Süßigkeit

Ensalada: Salat. Wird meist mit Olivenöl und Sherryessig angemacht.

Espinacas: Spinat ist in Spanien ganz typisch mit Rosinen und Pinienkernen.

Fabada: Eintopf mit weißen Bohnen, dessen berühmteste Variante der Fabada Asturiana ist.

Fino: Es gibt zwei Sherry-Grundtypen, Finos und Olorosos. Finos sind die trockenste Variante des Sherry-Weines, hellgelb und leicht. Zu diesem Grundtyp gehören der Fino Sherry, die Manzanillas und die Amontillados.

Fresa: Erdbeeren. Besonders aus dem Anbaugebiet Huelva werden bereits Mitte Februar die ersten Erdbeeren auf den Markt gebracht. Ob frisch mit etwas Zucker, als Kuchen oder als Sorbet, Sirup und Likör, diese Frucht ist in jeder Form beliebt.

Frito: Fritiert, in Fett ausgebacken. Für diese Zubereitungsart wird meistens Olivenöl verwendet.

Frutas: Obst. Spanien ist ein Eldorado für Fans von Früchten jeder Art. Zitrusfrüchte, aber auch Exoten wie Bananen und Ananas wachsen in den geeigneten Regionen bzw. nur auf den Kanarischen Inseln.

Gamba: Garnele, Crevette.

Garbanzo: Kichererbse. Diese Hülsenfrucht ist in Eintöpfen, Ragouts oder als Salat sehr beliebt.

Gazpacho: Kalte Gemüsesuppe, eine berühmte und erfrischende Spezialität aus Andalusien.

Granada: Granatapfel. Seine Samenkerne werden gekaut, können bei frischen Früchten aber auch mitgegessen werden. Saft und Samenhüllen werden für Obstsalate, zu Fruchtgetränken und Sorbets verwendet.

Higo: Feige. Feigen sind reich an Mineralien. In Spanien werden sie gerne frisch oder getrocknet zu Schinken gegessen, aber auch als Dessert sind sie beliebt.

Huevos: Eier

Jabali: Wildschwein. Das als Wildgericht sehr beliebte Wildschwein wird hauptsächlich als Ragout zubereitet. Besonders köstlich schmeckt es mit Feigen.

Jabugo: Ein hervorragender luftgetrockneter Bergschinken aus dem Südwesten Spaniens.

Jamon de Serrano: Luftgetrockneter Bergschinken, S. 108.

Jerez de la Frontera: Stadt in Andalusien, in der Sherry hergestellt wird. In Spanien heißt Sherry »Vino de Jerez«.

Judia: Bohne. In den verschiedenen Gerichten werden hauptsächlich getrocknete, aber auch frische Bohnen in verschiedenen Größen und Farben verwendet.

Langostinos: Riesengarnelen

Laurel: Lorbeerblatt. Die getrockneten Blätter des immergrünen Lorbeerbaumes passen zu allen Braten, Saucen, Eintöpfen und Fischsud.

Leche: Milch. Das Zentrum der spanischen Milchwirtschaft liegt in den Picos de Europa im Landesinneren der Regionen Asturien und Kantabrien.

Lengua: Zunge. Sie ist in vielen Zubereitungsarten und gleichermaßen vom Lamm, Schwein, Kalb und Rind sehr beliebt.

Lenteja: Linse. Sie ist eine der ältesten Kulturpflanzen und wird in der ganzen Welt angebaut, wobei Spanien zu den bedeutendsten Produktionsländern gehört. Linsen sind nahrhaft und leicht verdaulich, sie werden meistens in Eintöpfen verwendet.

Malvasier: Dessertwein aus dem Süden Spaniens, der sehr süß und vollaromatisch schmeckt.

Manchego: Schafmilchkäse, S. 75.

Manzana: Apfel. Er ist besonders wegen seines Vitaminreichtums beliebt und wird auch gerne zum Kochen verwendet, besonders bei Geflügelgerichten.

Manzanilla: Sherrysorte, die zur Familie der Finos gehört. Es ist eine trockene Sorte, die nur im besonderen Klima von Sanlucar de Barrameda am Atlantik entsteht und von ganz leicht bitterem, salzigem Geschmack ist.

Mariscos: Meeresfrüchte. Dies sind alle Meerestiere, die nicht in die Gruppe der Fische fallen, also Garnelen, Muscheln aller Art, Austern, Hummer, Tintenfische usw.

Melocoton: Pfirsich. Diese Steinobstfrucht besitzt viel Calzium, Phosphor, Eisen und Vitamin C. Sie wird besonders gerne in Rotwein als Dessert gegessen.

Melón: Melone. Diese Frucht, die zu den Gemüsen zählt, ist ein Favorit der Spanier. Ein Schnitz Honig- oder Zuckermelone ist ein beliebter Nachtisch, die hellrote Wassermelone dagegen gilt als hervorragender Durstlöscher.

Membrillo: Quitte

Menta: Minze. Die würzigen Blätter schmecken feingehackt in Saucen ebenso wie in Salaten, Suppen oder Gemüse.

Merluza: Seehecht. Der im Mittelmeer wie auch im Nordatlantik und im Schwarzen Meer beheimatete Fisch ist mit den Dorschen verwandt und hat sehr weißes und feines Fleisch.

Morcilla: Blutwurst. Sie ist luftgetrocknet und oft statt mit Fettstückchen mit Reis aufgelockert. Gebraten als Tapa ist sie ebenso beliebt wie in Eintöpfen.

Naranjas: Orangen. Diese gesunden Südfrüchte werden hauptsächlich in den großen Hainen um Valencia und Sevilla herum angebaut. Sie werden als Zutat in süßen Gerichten ebenso gerne verwendet wie in pikanten.

Olorosa: Neben Fino der zweite Grundtyp von Sherry. Voll und kräftig im Aroma und von dunklem Goldton bis brauner Farbe. Zu den Olorosos gehören die Palos Cortados, Olorosos und die Rayas.

Paella: Reispfanne. Sie ist das berühmteste Gericht der spanischen Küche, das stark in den Zutaten variiert.

Palo Cortado: Zum Grundtyp Olorosa gehöriger Sherry, der leichter als die übrigen Olorosos, aber stärker als die Amontillados ist. Eine eher seltene Sorte.

Patatas: Kartoffeln. Sie werden gerne gebraten oder in der Tortilla de patatas gegessen.

Pato: Ente. Dieses Geflügel ist in Spanien nicht so häufig auf der Speisekarte zu finden. Das bekannteste Gericht ist Ente auf Sevilla-Art.

Pavo: Puter. Er wird traditionell zu Weihnachten, meistens gefüllt, gegessen.

Perejil: Petersilie. In Spanien ist meist nur die glattblättrige Art gebräuchlich, die etwas milder ist als die krause. Petersilie wird gerne in Fischgerichte, aber auch in Salate gegeben.

Abkürzungen:

TL	=	Teelöffel
EL	=	Eßlöffel
Msp.	=	Messerspitze
kJ	=	Kilojoule
kcal	=	Kilokalorie

Pescado: Fisch. Spanien, das von drei Seiten vom Meer begrenzt wird, ist berühmt für seine vielfältigen Fischgerichte.

Pichon: Täubchen. Es wird gerne gefüllt gegessen.

Pimenton: Paprikaschote. Man macht sich die Mühe, sie kurz im Ofen zu rösten, zu schälen, zu putzen und dann weiterzuverarbeiten.

Pimienta: Paprikapulver, das es von mild bis sehr scharf gibt. Scharfe Pulver werden jedoch eher sparsam verwendet, denn die meisten spanischen Gerichte sind zwar kräftig gewürzt, aber nicht beißend scharf.

Pimiento: Pfeffer. Dieses seit der Antike bekannte Universalgewürz wird frisch gemahlen in beinahe allen Gerichten verwendet.

Piña: Ananas. Diese exotische Frucht wird auf den Kanarischen Inseln nur in beschränktem Umfang angebaut. Das Fleisch der Ananas enthält wertvolle Mineralstoffe und Vitamine.

Pincho: Spieß. Fleischspieße sind besonders bei Grillfesten sehr beliebt, meist mit Lamm- oder Schweinefleisch zubereitet.

Plancha: Grillplatte

Platano: Banane. Diese Frucht der Tropen ist auch in Spanien – auf den Kanarischen Inseln – zu Hause. Botanisch sind Bananen Beerenfrüchte. Sie sind reich an Vitaminen, Mineral- und Ballaststoffen.

Pollo: Huhn, Hähnchen. In Spanien das beliebteste Geflügel, es wird auf viele phantasievolle Arten zubereitet.

Queso: Käse. Spanien hat viele ausgezeichnete Käsesorten. Die meisten werden nicht erst zum Dessert, sondern schon zum Aperitif gereicht, oder als Tapa gegessen. Es handelt sich überwiegend um Hartkäse, cremigen Käse kennt man in Spanien kaum.

Rape: Seeteufel, auch Lotte genannt. Sein feines und festes Fleisch wird besonders an den Küsten Asturiens und Kantabriens hervorragend zubereitet.

Rayas: Ein Sherrytyp aus der Familie der Olorosos, dunkel und nicht so fein im Geschmack.

Rinones: Nierchen. Sie werden besonders gern in Sherrysauce gegessen. Kalt als Tapa oder warm als Hauptgericht.

Romero: Rosmarin. Dieses Gewürz, das in vielen Regionen Spaniens wild wächst, wird besonders reichlich unter Fischgerichte gemischt.

Sal: Salz

Salmon: Lachs. Besonders die wilden Gebirgsflüsse der baskischen Region und von Navarra sind reich an Lachsen. Da sie nicht künstlich in Zuchtbecken gemästet werden, sind sie fest- statt fettfleischig.

Sangria: Berühmte erfrischende Rotweinbowle mit Früchten, für die es viele Rezepte gibt. Zum Beispiel können Sie 1 unbehandelte Zitrone, 1 unbehandelte Orange und 1 Pfirsich in Scheiben schneiden und in einen Krug geben. Die Früchte mit 60 g Zucker bestreuen, und mit 1 l trockenem spanischen Rotwein und ½ l Mineralwasser aufgießen. Dann Eiswürfel hineingeben und servieren.

Sardinas: Sardinen. Sie sind gegrillt oder gefüllt gleichermaßen beliebt.

Sidra: Moussierender Apfelwein, eine berühmte Spezialität aus Asturien, die den ganzen Tag und zu allen Gerichten getrunken wird.

Sobrassada: Grobe, saftige Mettwurst aus Schweinebrät. Diese Mallorquinische Spezialität ist noch am ehesten mit der Chorizo zu vergleichen.

Solomillo: Wörtlich übersetzt: »nur die Mitte«, das heißt, das Beste vom Besten. Ein großzügiges Stück vom Rinderfilet, auf den Punkt genau gebraten, so daß es innen noch schön rosig bleibt.

Sopa: Suppe. Ob kalt oder warm, Suppen spielen eine große Rolle in der spanischen Küche und jede Region ist stolz auf ihre traditionellen Rezepte.

Tapa: Appetitanregende kalte oder warme Häppchen. Einzigartig in Spanien.

Tocino: Speck

Tocino de Cielo: Himmelsspeckchen, ein typisch andalusisches Dessert aus Zucker und Eigelb.

Tomate: Tomate. Dieses von Kolumbus nach Europa gebrachte Gemüse wird in Spanien in vielen Gerichten verwendet.

Tomillo: Thymian ist das meist gebrauchte Kraut in der spanischen Küche, neben Petersilie und Rosmarin. Es gehört unbedingt an Lamm- und Wildgerichte.

Tortas: Kuchen, Fladen.

Tortilla: Omelette. Als Tortilla de patatas mit Kartoffeln, sonst nur mit gestockten Eiern zubereitet. Sie wird warm, lauwarm oder kalt gegessen.

Trucha: Forelle. Besonders gute Forellen leben in den Gebirgsflüssen des Baskenlandes und Navarras.

Turron: Süßigkeit aus Mandeln und Honig, die es in vielen Varianten gibt, von weich bis ganz hart.

Veiras: Jakobsmuscheln oder Pilgermuschel. Meistens werden die Muscheln mit Knoblauch, Petersilie und Weißbrot überbacken gegessen. Spezialität in Galizien.

Vinagre: Essig. Beliebt und berühmt ist Sherryessig, er hat einen hohen Säuregrad und ist sparsam zu verwenden. Bei uns ist er nur in Feinkostläden oder gut sortierten Supermärkten zu bekommen. Oft wird auch einfach Rotweinessig benutzt.

Vino: Wein. Die bekanntesten Sorten sind Rioja und Vino de Jerez.

Vino blanco: Weißwein

Vino tinto: Rotwein

Yemas: Kandiertes Konfekt aus Eigelb, ursprünglich aus den Klosterbäckereien Andalusiens.

Zarzuela: Meeresfrüchteeintopf, eine Spezialität aus Katalonien, die nach der spanischen Operette, der Zarzuela, benannt ist.

Zanahoria: Möhre

Rezept- und Sachregister

Andalusisches Rindsragout 100
Artischocken, Gebratene Artischocken 67
Asturianischer Bohnentopf 61
Auberginen Alpujarra 72

Betrunkene Wachteln 125
Bohnentopf, Asturianischer Bohnentopf 61

Champignons, Gefüllte Champignons 45
Chorizo (Produktinfo) 56
Churros 133

Eier mit Gemüse 79
Eiercreme, Himmelsspeckchen 136
Eingelegte Sardellen 47
Eintopf, Kichererbseneintopf 60
Eintopf, Meeresfrüchteeintopf, Zarzuela 82
Eintopf, Linseneintopf 53
Eintopf mit Stockfisch 54
Ente sevillanische Art 122

Fischsuppe 55
Fischtopf, Mallorquinischer Fischtopf 95
Fleischbällchen 32
Fleischspieße, Maurische Fleischspieße 39
Forellen asturianische Art (Variante) 93
Forellen Navarra-Art 93
Fritiertes Spritzgebäck, Churros 133

Garnelen, Knoblauchgarnelen 42
Garnelenomelette 40
Gazpacho 58
Gebratene Artischocken 67
Gebratene Puddingschnitten 132
Geflügelkroketten 37
Gefüllte Champignons 45
Gefüllter Puter 114
Gemüseplatte 70
Gemüseragout 68
Gemüsesuppe, Kalte Gemüsesuppe, Gazpacho 58
Goldbrasse in Salzkruste 90

Hähnchen baskische Art 120
Hähnchen Bäuerinnen-Art 118
Hähnchen, Knoblauchhähnchen 118
Herzmuscheln Fischer-Art 94
Himmelsspeckchen 136
Hühnerbrüstchen in Sherry 44
Hühnerbrüstchen mit Minze 116

Jakobsmuscheln galizisch 84

Kalbfleisch La Mancha 98
Kalbfleisch sevillanische Art 102
Kalte Gemüsesuppe, Gazpacho 58
Kalte Trauben-Mandel-Suppe 58
Kaninchen Jäger-Art (Variante) 107
Kaninchen maurische Art 107
Kartoffelomelette, Tortilla de patatas 76
Katalanische Creme 134
Katalanisches Omelette (Variante) 40
Kichererbseneintopf 60
Knoblauch (Produktinfo) 42
Knoblauchgarnelen 42
Knoblauchhähnchen 118
Knoblauchsuppe 53
Kroketten, Geflügelkroketten 37
Kuchen mit Schafkäse 131
Kuttelsuppe 56

Lachs asturianische Art 86
Lammhaxen kastilische Art 106
Lammragout Extremadura (Variante) 111
Lamragout Navarra 111
Linseneintopf 53

Mallorquinischer Fischtopf 95
Manchego (Produktinfo) 75
Mandeln (Produktinfo) 128
Mandelnougat 131
Mandeltorte 128
Marinierte Paprikaschoten 34
Maurische Fleischspieße 39
Meeresfrüchteeintopf, Zarzuela 82
Möhrensalat 37

Nierchen in Sherry 34
Nougat, Mandelnougat 131

Ochsenschwanzragout 102
Oliven (Produktinfo) 71
Ölsauce, Stockfisch in Ölsauce 93
Omelette, Garnelenomelette 40
Omelette, Kartoffelomelette, Tortilla de patatas 76
Omelette, Spinatomelette (Variante) 40
Omelette, Katalanisches Omelette (Variante) 40

Paella 64
Paprikaomelette, Piperrada 78
Paprikaschoten, Marinierte Paprikaschoten 34
Perlhuhn mit Aprikosen 121
Perlzwiebeln in Sherryessig 33
Piperrada 78
Puddingschnitten, Gebratene Puddingschnitten 132
Puter, Gefüllter Puter 114

Quarkbällchen 136

Ragout, Ochsenschwanzragout 102
Reis mit weißen Bohnen 67
Reispfanne, Paella 64
Rindsragout, Andalusisches Rindsragout 100
Russischer Salat 40

Safran (Produktinfo) 50
Safran-Mandel-Suppe 50
Salat, Russischer Salat 40
Salat, Sommersalat 38
Salz, Goldbrasse in Salzkruste 90
Sardellen, Eingelegte Sardellen 47
Schafkäse, Kuchen mit Schafkäse 131
Schafkäse, Manchego (Produktinfo) 75
Schokoladensauce, Wachteln in Schokoladensauce (Variante) 125
Schweinekoteletts Aragon 98
Schweinelende in Schinken 108
Schweinelende Malaga 101
Seebrasse aus dem Ofen 86
Seehecht mit Kapern 88
Serrano-Schinken (Produktinfo) 108
Sherry (Produktinfo) 117
Sommersalat 38
Spinatomelette (Variante) 40
Spinat Sacromonte 68
Spritzgebäck, Fritiertes Spritzgebäck, Churros 133
Stockfisch in Ölsauce 93
Stockfisch, Eintopf mit Stockfisch 54

Täubchen Toledo 125
Thunfisch-Kasserolle, 89
Torte, Mandeltorte 128
Tortilla de patatas 76
Trauben-Mandel-Suppe, Kalte Trauben-Mandel-Suppe 58

Überbackene Zucchini 74

Wachteln, Betrunkene Wachteln 125
Wachteln in Schokoladensauce (Variante) 125
Wildschweinragout 110
Walnußsauce, Zungen in Walnußsauce (Variante) 105

Zarzuela 82
Zitronen (Produktinfo) 85
Zucchini, Überbackene Zucchini 74
Zungen in Walnußsauce (Variante) 105
Zungen mit Granatapfel 105

Umschlag-Vorderseite:
Das Bild zeigt eine Paella (S. 64).

Die Bilder ohne Bildunterschrift zeigen:
Die Fotos auf S. 4/5 von links nach rechts im Uhrzeigersinn: Ein Obst- und Gemüsestand in Cadaquéz an der Costa Brava (Bild 1), Burg oberhalb des Dorfes Lokalahorra in der Sierra Nevada in Andalusien (Bild 2), Schmiedeeiserne Fenstergitter und Balkone in Sevilla (Bild 3), La Giralda in Sevilla (Bild 4), Ampurias bei L'Escala an der Costa Brava (Bild 5), ein katalonisches Weinfest in Sitges an der Costa Dorada (Bild 6), das Tenogebirge an der Küste Teneriffas (Bild 7), ein junges andalusisches Paar in Festtagskleidern bei der Feria in Jerez de la Frontera (Bild 8) und der Strand von Corralejo auf Fuerteventura (Bild 9). Das Foto auf S. 8/9 zeigt die Kirche von Femós auf Lanzarote. Das Foto auf der Rückseite zeigt junge Andalusierinnen bei der Feria in Jerez de la Frontera.

Cornelia Rosales de Molino
wurde in Jerez de la Frontera, der Sherrystadt im Süden Spaniens, geboren. Schon als Kind hielt sie sich gerne in der Küche auf. Fasziniert von den köstlichen Gerüchen, die den Töpfen und Pfannen entstiegen, konnte sie stundenlang bei der Zubereitung des Essens zusehen. Vor allem, wenn die Köchin der Familie sie ab und zu eine Kleinigkeit probieren ließ. So entdeckte sie schon früh ihre Vorliebe für die traditionelle Küche ihres Landes. Die Foodjournalistin und Kochbuchautorin lebt heute in Madrid. Für dieses Buch hat sie ausschließlich Originalrezepte ihrer spanischen Heimat zusammengestellt.

Foodphotography Eising
Pete A. Eising und Susanne Eising haben sich ausschließlich auf Foodfotographie spezialisiert. In ihrem Studio für Lebensmittelfotographie enstehen anspruchsvolle Food- und Getränke-Aufnahmen. Zum Kundenkreis gehören Werbeagenturen und Industrieunternehmen, Zeitschriftenredaktionen und Kochbuchverlage. An das Fotostudio ist eine Bildagentur mit Sitz in München und der Schweiz angeschlossen, selbstverständlich mit dem Hauptthema Food. Martina Görlach ist im Studio für die Requisite zuständig und wirkt auch bei der fotographischen Gestaltung mit.

Bengt Fosshag
Bengt Fosshag, Jahrgang 1940, lernte zunächst »Angewandte Grafik« in der Werkskunstschule Offenbach. Er arbeitet seit 1983 als selbständiger Illustrator, wobei er sich weder auf einen Stil noch auf ein Thema festlegen läßt. Die erste Bekanntschaft mit Spanien machte der vielseitige Künstler schon 1959, der viele Reisen im Laufe der Jahre folgten.

Bildnachweis
Titelbild und Rezeptfotos:
Foodphotography Eising.
Die Fotografen der Bilder im Inhaltsverzeichnis, des Kapitels »Land und Leute laden ein...« und der Produktinformationen nachstehend in alphabetischer Reihenfolge:
ai aigner impuls, Gottfried Aigner, München: S. 85
Bildagentur J. D., München: B. Barajas S. 10, 11; A.M. Gross S. 20 (Bild unten), 21 (Bild oben), 23, 50
Foodphotography Eising, München: S. 42, 56, 75, 108, 117
Armin Faber, Mühlheim: S. 19 (2)
real bild, Klaus D. Neumann, München: S. 24/25, 128
Werner Neumeister, München: S. 16 (Bild unten), 16/17
Gregor M. Schmid, Gilching b. München: S. 4/5 (Bild 1, 2, 4, 8), S. 26, Rückseitenfoto
Spanisches Fremdenverkehrsamt, München: S. 12 (Bild unten), 16 (Bild oben), 22, 25 (2)
Thomas Stankiewicz, München: S. 4/5 (Bild 3, 7, 9), 8/9, 12 (Bild oben), 15, 20 (Bild oben), 21 (Bild unten), 27 (2), 29 (2)
Fotostudio Teubner, Füssen-Horn: S. 71
Martin Thomas, Aachen: S. 4/5 (Bild 5, 6), 13, 14 (2), 18, 28 (Bild unten)
Thomas Widmann, Regensburg: S. 28 (Bild oben)

Die Deutsche Bibliothek –
CIP-Einheitsaufnahme
Spanien : Originalrezepte und Interessantes über Land und Leute / Cornelia Rosales de Molino. – München: Gräfe und Unzer, 1993
(Küchen der Welt)
ISBN 3-7742-1718-1
NE: Rosales de Molino, Cornelia

Redaktion: Dr. Stephanie von Werz-Kovacs und Birgit Rademacker
Lektorat: Angela Hermann
Versuchsküche: Renate Neis, Marianne Stadler
Illustrationen: Bengt Fosshag
Herstellung: Esta Denroche
Gestaltung: Konstantin Kern
Kartographie: Huber
Reproduktion: Fotolito Longo, Bozen
Satz (DTP): Esta Denroche
Druck und Bindung: A. Mondadori Editore, Verona

ISBN 3-7742-1718-1

Auflage	6	5	4	3	2
Jahr	99	98	97	96	